魔性ですか？

高岡早紀

KADOKAWA

はじめに

魔性の女、魔性の女優――。

いつの頃からか、名前の上に「魔性」の二文字がつけられるようになりました。

友人・知人男性と食事に行くと写真が週刊誌に載って「魔性」……。

うーん、なんて枕詞《まくらことば》だ!?


若かりし頃は、雑誌などのインタビュー記事で、事前に内容を確認させていただくことができる場合、「魔性」という言葉が使われていたなら、すべて削除をお願いしていました。

「魔性の女＝ものすごーく悪い女」というイメージがあったんですね。

でも、改めて「魔性」を辞書で引いてみると、「人を惑わす性質」といったようなことが書かれているではありませんか。それを知ったとき、「おっと、そうなの？」と。

悪く解釈すれば、「魔性の女」は、とんでもない（?）女です。でも、別の見方をすれば、「人を惑わすくらい魅力的な女」ということらしい！

というわけで、40歳を過ぎた頃からでしょうか。「魔性」と呼ばれることを気にしなくなりました。それどころか、むしろ、そう言っていただけることが、「うれしいな」「ありがたいな」「それが私のフック?」と思えるまでになったのです。「魔性」か「美魔女」か。どちらかひとつを選べと言われたら、今なら、迷わず「魔性」を取る（笑）。

月日が経つのはあっという間とは言いますが……。

神奈川県藤沢市で生まれ育ったバレエ好きの少女が、「女優」という新たな顔を与えていただいてから、来年で35年。

そして、その高岡早紀と二人三脚で歩いてきた「一人の人間・高岡佐紀子」は、いつの間にか、アラウンド・フィフティと呼ばれる年齢になりました。

高岡早紀。

高岡佐紀子。

どちらも私です。

その私――あるときは女優の、あるときは一人の人間の、そして、あるときは、両者を俯瞰《ふかん》で見ているもう一人の私――が、経験した出来事、見たこと、聞いたこと、感じたこと、そして、幸せを感じる日々のささやかなことに思いをめぐらせてみました。

ちょっとした毒を入れることで笑って読めるように、という課題が最初に与えられたのですが、私に毒なんてあるかしら。いや、毒しか出なかったらどうしよう⁉

楽しく読んでいただけたら、幸いです。

目次

5 はじめに
12 頑固者
16 長女気質
20 放っておけない性格
24 人に弱みは見せられない！
26 「女優・高岡早紀」の宝物
30 自信が強み
32 ひと癖もふた癖も
36 歌と私
40 「女優女優している」ふうに見えます？
44 アメとムチ
48 結婚、そして離婚について

58 初めての女の子
60 お兄ちゃん、自宅出産に立ち会う
62 電動ノコギリの使い用途《みち》
64 屋上ガーデン
66 犬のいる風景
70 少年たちの反抗期
72 「うちはお金持ちなの？」の答え
74 息子のカノジョ
76 我が家の男子はジェントルマン
80 娘の女子力
82 子どもたちからの「ありがとう」
84 育児がストレスだなんてとんでもない！
86 「ママ友」ふたつのタイプ
88 私のカガミ
92 子ども中心の生活スタイル!?
94 母だからこそ発揮できる集中力
96 私が一個５００円のカリフラワーを買わないワケ
98 「こだわり過ぎない」というこだわり
100 「オバサン」になっても「オジサン」にはなるべからず
102 幸せな時間

110 「幸せな時間」外伝
112 習い事マニア
116 「好きなこと」はたまにやるからいい
118 手作りシュウマイのおいしさに目覚める
122 お皿洗いの流儀
124 家の中は「ピッ」状態
126 ネットショッピング派
130 年齢と私とファッションと
132 捨てる? 捨てないの葛藤
136 「ちょいちょい手抜き」の活用術
140 体型維持、その秘訣とは!?
144 いつもだいたい平和な私のメンタル
146 オンとオフの切り替えスイッチ
148 「妻」と「母」のバランスについて考えてみた
150 〝特別〟扱い
152 天狗になりそうな鼻をへし折る息子くん
154 過去の一人旅と未来の女子旅
158 火事場のバカぢから
162 「可能性に賭けろ」とママは言う
164 着眼点の転換
166 ゴシップと私と家族と友達と
168 我が人生に悔いはなし!?
170 シングルマザーの恋愛事情
174 甘え下手

178 「女優」でも「母」でもない私は何者か
182 私、家政婦さんになれる？
184 年下の男性《ひと》
186 オトコの条件
188 パートナーに財力は必要か!?
192 オトコトモダチ
194 悪いことも、いいことも
198 自分探しの旅は続く
200 あとがき

ブックデザイン／中村圭介、野澤香枝（ナカムラグラフ）
撮影／磯部昭子
スタイリング／河部菜津子（KiKi inc.）
ヘアメイク／千吉良恵子
アーティストマネージメント／ジョイナスエンターテインメント
取材協力／NYORO YOSHIDA（HYDRA INC.）
構成／佐藤美由紀　印田友紀（smile editors）
校正／根津桂子　新居智子
DTP／茂呂田 剛（エムアンドケイ）
編集／中野さなえ（KADOKAWA）

衣装協力
P.2、205、208　柄ワンピース　Velnica./Velnica Room　☎03-6323-9908
P.3、105、106　ブラウンワンピース（ベルト付）　Room no 8 BLACK/otto design　☎03-6804-9559
ピアス　PRMAL　support@prmal.com
リング　kochi i　☎03-5244-4373
P.53　ピアス　kochi　☎03-5244-4373
キャミソール　hazy tokyo　☎050-3136-0298
P.54-56　キャミソール、ショーツ　hazy tokyo　☎050-3136-0298
ピアス　kochi　☎03-5244-4373

頑固者

「早紀さんは、まわりの人からなんと形容されているんですか？」

最近、事務所が変わってマネージャーが新しい人になりました。あるとき、そのマネージャーからたずねられ、「魔性、とか？」などと、私が笑って答えると、彼女は慌ててつけ足しました。

「いやいや、そういうことではなくて。たとえば、〝おっちょこちょい〟でもなんでもいいんですけど、家族やお友達から、早紀さんは、どういうふうに言われているのかなと思って。ちなみに、私の母は、家族から〝鈍臭い〟と言われていました」

おっちょこちょい？　鈍臭い？　私の場合は絶対にないな。

じゃあ、なんだろう。改めて考えてみると――。

頑固！　そう、頑固です。

友達や子どもたちはどう思っているのかわかりませんが、私は母から「頑固者」と言われています。自分ではあまり自覚はありません。でも、半世紀近くもそばで私を見てきた人が言うのだから、多分、そういうことなのでしょうね……。


「佐紀子は頑固ね」

昔から、母に言われ続けてきました。

その自覚はないと言いましたが、「こんなところが頑固と言われる理由かしら」と思えることも、実は、ポツリポツリとあったりなんかして。


デビューしたての頃、マネージャーとよく喧嘩をしていたことを覚えています。

原因はスケジュール。デビュー前は、学校から習い事まで、スケジュールは全部、自分で決めて組み立てていたわけです。ところが、仕事を始めると、そうはいかなくなって、自分なりのスケジュールはことごとく崩されていく……。

今でもそうですが、私は、自分の生活スタイルが崩れると気持ち悪くて、落ち着きません。週に5回はバレエのレッスンに通いたいのに、「今日、行けないの？　明日も？　えっ、明後日も⁉」という状況に我慢がならず、内緒で勝手にレッスンの予定を入れたこともありましたっけ。はい。もちろん、マネージャーとは喧嘩になりました……。

振り返ると、頑固で自己主張の強い女の子だったと思います。

とはいえ、しゃべることで自分を主張していたわけではありません。デビューしてからの2、3年間、つまり10代の頃は、ほとんど人としゃべることはありませんでした。特に取材。何を聞かれても、小さな声でひと言、「はい」「いいえ」「違います」「知りません」などと言って終わらせてしまう……。インタビュアー泣かせだったと思います。

シャイだったということではないんです。

「なんで私のことを知ろうとするの？」

「初めて会った人に、どうして自分のことを話さなきゃいけないの？」

当時は、本気で思っていたわけで。

取材の目的？　わかっていたはずだけど……。ということは、インタビュアーにちょっと意地悪をしていたのでしょうか。いやいや、違う。相手の問題も多々あるかと。その頃、取材にやって来るのは、むさ苦しい（少なくとも私にはそう見えました）オジサン記者ばかり。想像してみてください。いたいけな10代の女の子が、その人たちと向き合ってあれこれ聞かれ、自分のことをさらさら答えられると思いますか。ムリ〜。

そして、頑《かたく》なに口を閉ざす（笑）。

今、昔の頑固エピソードを振り返ると、「若気のいたり」と思えたりもします。自分の生活スタイルを崩されると落ち着かないとはいえ、仕事をしていれば、そう言ってばかりもいられません。自分なりに折り合いをつける術《すべ》を身につけてきましたし、インタビューにしても、相手がどんな人であろうが、もちろん、今は、ちゃんとお答えしています。私も大人になりました。でも……。

「あなたって、本当に頑固ね」

今でも、母からはしょっちゅう言われています。

長女気質

「早紀さんて、〝ザ・長女〟って感じですよね」

女性数人でおしゃべりをしているとき、ある人が言いました。

私は、上に兄が一人いますが、下に妹がいて女の子としては最初の子ですから、長女であることは、紛《まぎ》れもない事実です。でも、「ザ・長女」って何?

そこにいた人たちの話を総合すると、「パキパキ仕切って、なんでもテキパキ片付けてしまうような人」らしく、私は、まさに、それだということです。

確かに、その場を仕切ることが多いように思います。

でも、それは、長女とは関係なくて、表に出る人間だからではないかと。

たとえば、撮影の現場などでお弁当が用意してあったりすると、「お先に。みんなも食事にしてくださいね」などと言って、私がいちばん最初に取る。そうしなければ、やっぱりスタッフの人たちは取りづらいですよね。

また、たとえば、スタッフの人たちと「ごはんを食べに行きましょう」となったとき、「あのお店に行こう」「これが食べたい」と私が言わない限り、みんなが遠慮してしまって、いつまで経っても決まらなかったりするわけです。

実は私には、「何が食べたい」「ここに行きたい」というような意見は、ほぼありません。もちろん、「お弁当を取るのは自分がいちばん最初じゃなきゃ嫌だ」などと思ったこともない。みんな自由にしていいと思うし、好きなお店で好きなものを食べてもらって、ぜんぜん構いません。というより、むしろ、そっちのほうがよほどラクでうれしい。

私が、その場を仕切るのは、みんなへの心配り、かな。まわりが遠慮するから、あえて自分で仕切らなきゃ、と。こう見えて、いろいろと考えているんですよ〜。

年齢が上になってくるとなおさらです。

たとえば、舞台の仕事なんかで、ふとまわりを見回すと、共演者の中では自分がいちばんお姉さんだったりすることも珍しくなくなりました。コロナ禍の前なら、「みんなでごはんを食べに行きましょう」という流れになるのが普通でしたが、私が言い出しっぺみたいになることもたびたびで。

「僕から言い出すのも、僭越《せんえつ》なんで……。早紀さん、言ってもらえますか」

若い俳優さんから頼られ、つい「任せて！」と言ってしまう自分がいて。

わかった！　結局、私は世話好きということだ!!

「だから、それが〝ザ・長女〟なんですって」

ある人は、こう言いました。

「ふうん、そうなんだ……。まあ、確かに、自分の妹を見ても思うけど、妹は何もやらないもんね。わがままなだけで」

私が言うと、その場にいた、お姉さんがいるという「妹の人」が反論しました。

「いや、妹は、わがままで何もやらないんじゃなくて、妹がやる前に、お姉ちゃんが、テキパキなんでもやって、さっさと片付けちゃうんですよ。頼んでもいないのに。多分、早紀さんも、そういう感じでしょう？」

　今度は私が反撃する番。

「違うよ〜。妹は、〝私は年下だからわかんない。お姉ちゃんはお姉さんなんだから、わかるでしょ〟みたいな顔をして、面倒なことはなんでもお姉さんに押し付けてやらせちゃう。で、自分は好きなことやるんだよね」

「いやいや、逆だと思います。お姉さんが、率先してなんでもやってくれるから、結果的に、妹は何もやらなくなるんじゃないですか？」

「だからぁ、それがわがままだって言ってるの！」

「姉」と「妹」の議論は、どこまでも並行線。交わるところがないようで。

放っておけない性格

困っている（困っていそうな）人を見ると、どうにも放っておけない性格です。先日も、犬の散歩の途中、一人のおばあちゃんに遭遇して、つい声を掛けてしまいました。その人は、きちんとした身なりをしていらっしゃったけれど、足元がいかにもおぼつかない。ヨタヨタしながら、何かを探して右往左往しているように見えました。

「どうしました？　大丈夫ですか？」

声を掛けると、おばあちゃんは、ある方向を指差しながら言いました。

「あっちに薬局があるはずなんだけど……。あなた、ちょっと見てきてくださる？」

言葉遣いは丁寧だけど、人使いは荒いようで……。

「薬局はあっちではなくて、こっちですよ」

薬局のある方向を指で示した私。でも、すぐに立ち去ることができず、結局、薬局まで案内したはいいけれど、おばあちゃん、なんと、店頭で転んでしまうではありませんか。

「あらら、大丈夫ですか⁉」

二匹の大型犬を連れているものだから、咄嗟《とっさ》に手を貸すことができず、私は一瞬、もどかしさに襲われましたが、なんとか自力で立ち上がったおばあちゃん。

私は、ほっとひと安心。

「まぁ、どうしましょう⁉　お洋服が、お洋服が……」

転んで汚れてしまった洋服をやたら気にするおばあちゃんを残して店内に入り、「あの方が、ご用があるみたいですよ」と、店員さんにバトンタッチ。やっとのことで、その場を辞去することができたのでした。

いいのか悪いのか、見て見ぬふりができないと、ときに、こんな騒動に巻き込まれてしまいます。


夕暮れどきに車の運転をしている最中、とぼとぼ歩いている男の子を見かけ、声を掛けずにはいられなかったこともあります。

年格好、それに、真新しい黄色い帽子と背中のピカピカのランドセルからして、どう見ても新一年生。そんな幼い子どもが暗くなりかけた道をたった一人で歩いているんです。

「どうした？　一人で帰れるの？」

車のスピードを緩めて近づき、ドア・ウィンドウから顔を出してたずねると、その子は、コクリと頷《うなず》きました。

「そっか。じゃあ、気を付けて帰るんだよ」

こう言ってから、私はアクセルを踏み込んだのですが、本当は、「乗りなさい。おうちまで送って行ってあげるから」と言いたかった。でも、このご時世、そんなことをしようものなら、「誘拐」ということにもなりかねません。路上で子どもに声を掛けること自体、「不審者」と思われても仕方がない世の中ですから。

世知辛《せちがら》いなぁ……。


私がこんな性格（世話好き？　お節介？）だからか、すでに成人している二人の息子にも、同じようなところがあります。正義感が強いというのか……。やっぱり、思わず人に手を貸してしまうのです。

親としては、そんな息子たちに誇りを感じる一方で、心配になることもあります。

何年か前に、ホームから落ちた人を助けようとして線路に飛び込んだ人が電車に轢《ひ》かれて亡くなるという痛ましい事故がありました。新幹線の中で、刃物を振り回す男を止めに入ったところを刺されてしまって、やはり亡くなるという事件もありました。犠牲になられた方の正義感や勇気には心の底から敬意を表したいと思いますが、ご遺族の気持ちを考えると……。やり切れなくなってしまいます。

だからと言って、自分の子どもに向かって、「自分の命のほうが大切だから、むやみやたらと他人に関わってはいけない」などと無情なことは言えません。でも、昨今の世の中を見るにつけ、「どんどん助けてあげなさい」と背中を押すこともできず……。

「正義感や親切もほどほどにしないといけないかもね」

親として、結局、こんな中途半端なことしか言えない自分に、歯痒さを覚えている今日この頃です。

人に弱みは見せられない！

「あなたって、絶対に遅刻しない人だね」

まわりの人からよく言われています。

社会人として、時間厳守は当然と言えば当然のことなので、あまり偉そうには言えないのですが、確かに、時間はきっちり守ります。どんなに朝早い現場でも、遅刻をしたことは、まずありません。

一日を「ごめんなさい」からスタートさせたくないんです。

私一人が遅刻しただけで、仕事がちょっとずつ後ろにずれ込んで、みんなに迷惑をかけることになってしまうでしょう？

そうなったら、「あぁ、私のせいで……」と、一日中、申し訳ない思いをしなくてはならないし、人からは「あの人のせいで……」と思われてしまう。そんな状況に置かれるのが、とても嫌なんです。

要するに「人に弱みを見せたくない」ということでしょうか。それとも単なる負けず嫌いなのか……。

どちらにしても、とにかく私は、時間に限ったことではないのですが、人から文句を言われないように、自分ができる範囲のことをきっちりやらなければ気が済まない。もっと言うと、「やれる範囲」以上のこともできたらいいなと思っているので、そうなるよう自分自身で努力もします。

こんな私の性格は、仕事においてはいい方向に作用すると思うんです。「弱みを見せたくないからがんばる」なんて、自分で言うのもなんですが、いたいけでウツクシイ（笑）。でもね……。仕事ではなくプライベートでは、特に男の人には、ちょっとくらい弱みを見せたほうがいいんですよねぇ。わかっているんです。わかっているのだけれど、それがなかなかできなくて……。

「女優・高岡早紀」の宝物

アルバムをリリースしたり、映画やドラマ、コマーシャルに出演したり……。15歳でこの世界に入ってから、仕事はとても順調で、いろいろなことをやらせていただきました。とても恵まれていた、と今でも本当に感謝しています。

でも、当時は、仕事の数が増えるにつれて、自分の中に迷いが生じるようになってしまって。アイドルなのか、女優なのか、歌手なのか……。自分のポジションがわからなくなり、ハイティーンの私は、釈然としない日々を過ごしていました。

そんな私に転機が訪れたのは、19歳のとき。これは、もういろいろなところで語っているのですが、今の「女優・高岡早紀」があるのは、ホントにホントに、この転機のおかげなので、触れずにはいられないことなのです。

二十歳《はたち》を目前にした私は、深作欣二監督の『忠臣蔵外伝　四谷怪談』という映画で「お岩」の役を演じさせていただくことになりました。

映画は初めてではなかったとはいえ、この作品は、私にとって初めてのことばかり。深作作品への出演が初めてなら、時代劇も、着物を着るのも初めてで、湯女《ゆな》という春を売る女を演じるのも初めてのこと。リハーサルと撮影で3か月間京都に行きっぱなしというのも、もちろん、初めての経験でした。

すべてが初めてのことばかりで戸惑いはあるし、演《や》っても演っても、監督からはＯＫがもらえない……。

最初から自覚していたことではあったけれど、リハーサルを重ねれば重ねるほど、「何もできない自分」を嫌というほど思い知り、悔しくて、情けなくて、もどかしくて、毎日、泣きながらホテルに帰る日々でした。

「俺は男だからわかんねぇよ。おまえさんは女なんだからわかるだろう？　女のおまえさんが思うことを演じなさい」

どう演じればいいかわからなくて監督にたずねたら、こんな言葉を返されました。そのとき、私は、監督から明確な「答え」をもらえなかったと思ってしまい、ますます戸惑いを覚えました。暗中模索状態。必死になって「お岩」の心情を想像し、自分なりの「お岩」を演じるしかありませんでした。

そして、なんとか迎えたラストシーン。そこで監督が私におっしゃったのです。

「女優っておもしろいだろ、ありがとさん」

一切の妥協のない監督が、私の演技にＯＫをくださった……。

もちろん、うれしかったですし、そのとき、生まれて初めて「女優になりたい」と心の底から思ったのでした。深作欣二監督との出会いは、「女優になりたい自分」との出会いとも言えます。

あんなに過酷な撮影現場は、あとにも先にもこのときだけ。それくらい、その現場は、私にとってハードなものでした。でも、その経験があるからこそ、それ以降の苦労は苦労とも思わず、どんな困難も乗り越えて、ここまで来ることができたと思っています。

あれがあるから、「女優・高岡早紀」が、今、こうして存在している――。

それは、動かしようのない事実です。

「俺は男だからわかんねぇよ。おまえさんは女なんだからわかるだろう？」

あのときの監督の言葉。今となっては、女優の真髄《しんずい》を言い表した言葉ではないかと思っています。女優という仕事は、このひと言に尽きるのではないか、と。

その言葉は、私の宝物。

あれから「女優・高岡早紀」は、いろいろな役のオファーをいただきました。台本を読んで、第一印象で「難しいなぁ」と思える役柄もありましたが、「女性が女性を演じるのだから、できないわけはない」と思い、自分の経験値の中で最大限にやってきました。

「おまえさんは女なんだからわかるだろう？」

これは、今までも、そして、これからも、女優としての私に自信を与えてくれる〝魔法の言葉〟であり続けることでしょう。

自信が強み

「女優としてのあなたの強みはなんですか？」と問われたとしたら、唯一あげられるのが、「自（分を）信（じている）」。これに尽きると思います。

これまでには、仕事をしばらくお休みしたり、また再開したり、所属事務所を変えたりしてきました。休めば世間から忘れ去られてしまうかも、事務所を変えたら仕事を干されてしまうかも……。芸能人の中には、こうした不安を抱く人も少なくないようですが、私は、自分を信じているから不安もないし、怖いと感じたこともありません。「ダメならダメで、また考えればいいや」と思える自分がいます。

たまには、自分が信じられなくなりそうなときもありますが……。そんなときは、そっちに進もうと決断したときの自分、そのときに自分が信じた「何か」に立ち返る。そして、

「大丈夫？」と自問自答し、「うん、絶対大丈夫」と、自分自身を納得させて前に進みます。

私が自分自身に寄せる信頼は、決して根拠のないものではありません。こう見えても努力しているんです、がんばっているんです！

女優・高岡早紀にオファーをいただいた仕事は、絶対に手抜きはしない、プロフェッショナルとして、より完成度の高い作品にしていくために、いつも真剣勝負で向き合います。

こんな姿勢で臨むことで、結果的に周囲の期待に応えられて次の仕事につながる——。こうやって、今日までやってきました。

もちろん、結果を出すためには、努力は必要不可欠です。時間がなくてハラハラしながらも、家族が寝静まるのを待って深夜に台本を読んだり、「どう演じるか」、自分の中で定まるまでは、真夜中に起き出して熟考を重ねてみたり。できることは、最大限の努力をしてきました。こうしたことも、自分を信じることにつながっているのかな、と。

こんなことを言うと、自信満々で緊張もしないと思われがちですが、実は、舞台の本番前には、呼吸が浅くなって嘔吐《えず》いちゃうほど。それくらい緊張するんですよ……。

ひと癖もふた癖も

「演じる」という意味での、本格的なスタート（その前にも、映画の端役やドラマへの出演はしていますが）は、18歳のときに初めて主演をやらせていただいた映画です。

作品名は『バタアシ金魚』。コミックが原作の青春コメディで、ソノコという高校生の役を演らせていただくことになったのですが……。

ソノコは、原作ではショートカットのボーイッシュな女の子。映画でも、当然、そのような設定だったらしく、クランクインの直前になって「じゃあ、髪の毛を切ってくださいね」と普通に言われてしまって。そのときの私は、腰下まで届くロングヘア。「えーっ、髪の毛を切るなんて、聞いてないんですけどぉ～」となり……。

要するに、双方でコンセンサスが取れていなかったんですね。監督をはじめとする制作側は「原作がショートカットなんだから当然、わかっているだろう」と思い込み、こちら側は「別に髪の毛を切ることが条件にあったわけでもないし、ロングヘアの私を選んでくださったということは、このままで大丈夫なんだろう」と勝手に思い……。

しかし、これが……。ホントに怖いもの知らずというかなんというか。「〝髪の毛を切らないなら、この役は無理です〟と言われたら言われたときのこと」と私は腹をくくったのです。そして、「絶対に髪の毛は切りたくないっ‼」という強い思いを貫き、結局、ロングヘアのままでソノコを演じさせていただいたのでした。

本当に頑固で、思い出すだけで冷や汗が出そうです。私がまだ「女優になりたい私」に出会っていないときの話。若気のいたりの極致です。お恥ずかしい限り……。

駆け出し女優のわがままをよく聞き入れてくださったと恐縮することしきりなのですが、今思うと、『バタアシ金魚』の監督は、「女優・高岡早紀」の〝本性〟を見抜いたうえで、抜擢《ばってき》してくださったのではないかと思ったりもしています。

演じるという仕事を始めてから優に30年を超えますが、その間、オファーが来た役は、ひと癖もふた癖もある女性が多いです。

たとえば、近いところでいうと、テレビドラマの『リカ』。私はこの中で、愛する男性を手に入れるために恐怖のストーカーと化していく、という自称28歳（実は40代後半くらい）のリカという名の女性を演じました。リカは、相手に対する思いはピュアなのですが、その人しか見えていないので、まわりの邪魔者には消えていただく……。いわゆる〝純愛モンスター〟といった役どころです。

ある程度の年齢になってからは、もちろん、主婦や母親の役もいただくようになりました。でも、やっぱり、それにも癖があるというか……。

たとえば、奥田瑛二さんが監督をなさった『長い散歩』という映画では、幼い子どもを虐待する母親を演じましたし、既述の『リカ』の続編『リカ～リバース～』では、セレブな専業主婦で、娘を〝純愛モンスター〟へと変貌させる狂気の母親を演りました。

女優人生を振り返ると、こんなふうに、ちょっと〝普通じゃない〟役をいただくことが少なくないように感じるのですが、その最初が『バタアシ金魚』のソノコかな、と思うのです。単にかわいい女子高生ではなくて、ふてくされている感じの女の子というか……。

やっぱりどこか癖があるんです。

つまるところ、私という人間を見透かされているのではないかと。私、自分のことを単なる「いい人」とは思っていなくて。いえいえ、もちろん、悪人なんかじゃないですよ。一応、念のために。

でも、「どこからどう見てもいい人」だったら、これまで演ってきたような役はまわってこないと思うのです。逆に、普通の優しいお母さんが似合う女優さんや、清純なイメージが強い女優さんには、そういう役はいかないような……。

実は、10代の頃、清純派がウリ（自分的にではなく、事務所の戦略的に）だった時期もあるんです。でも、ちょうどそのくらいのときに『バタアシ金魚』のソノコに抜擢されたんですよね。そんなことを思うと、私の〝本性〟は、見る人が見れば、ちゃんとバレているんです。

これから先、「女優・高岡早紀」の正体を見抜いた監督や演出家から、どんな役をいただけるのだろう。そんなことを考えるとワクワクしちゃいます。女優っておもしろい！

歌と私

近年、アルバムをリリースしたり、ライブで歌ったりするなど、歌手としての活動も行なっています。でも、昔から歌はやっていて、実は、女優デビューよりも歌手デビューのほうが先でした。

私が芸能界に入ったきっかけは、賞金欲しさにたまたま受けた「マドラス」（靴メーカー）のキャンペーンガールのオーディションで、グランプリを獲ったことでした。グランプリの獲得者には、「マドラス」CMへの出演と、そのテーマソングを歌って歌手デビューすることが約束されていたのです。

一緒にオーディションを受けた人たちの中で私は最年少。顔立ちもスタイルも抜群の、オーディションに慣れているらしい大人っぽい人たちに混ざって、私は、下手くそな歌を披露しました。ところが、自分ではコンプレックスだったハスキーな声が買われたのかどうか、なんと、グランプリを獲得。そして、新たな人生がはじまったのでした。

特に歌手になりたいと思っていたわけではないんです。それなのに、歌手としてデビューすることになったのは、ルーツに導かれたのかな、と、感慨深いものがあります。

父はジャズが好きでライブハウスを営んでいました。父亡きあとは、父と親交のあった著名なジャズミュージシャンの方から娘のようにかわいがっていただいていました。

そんなルーツを持つ私が、歌手としてデビューすることになったのは、単なる偶然とは思えないのです。


「また音楽をやってみなよ」

「女優になりたい自分」に出会ってから、歌手活動をやめていた私が、再び、歌を歌うようになったのは、昔からの友人の、このひと言がきっかけでした。

彼女ともしばらく音信不通の時代があったのですが、音楽業界に身を置く彼女とたまたま仕事で一緒になって旧交を温めているうち、歌をすすめられて、「じゃあ、やってみようかな」ということで、現在の活動につながったのでした。

やっぱり、ここでも「導かれた」という気がしています。

こんな言い方をして申し訳ないのですが、音楽は嫌いではありませんが、正直、「好きで好きでたまらない」というほどでもなくて。

それなのに、こんな私を誰かが引っ張ってくれて、導いてくれて……。

そしてこうやって音楽活動ができるということは、すごく幸せなことだと思っています。


再び音楽活動をはじめてから、生まれて初めてライブのステージに立ちました。ライブハウスという、そんなに広くない空間で、お客さんと限られた時間を共有する醍醐味《だいごみ》を知りました。「こんなにも心地いい空間と時間があるんだ」と。

ただ……。本気で歌を歌っている人には本当に失礼かもしれないけれど、私は、あくまで女優です。だから、歌手活動は、女優としての表現方法のひとつとして考えています。

歌うことと演じること。

やっていることは、一見、まったく違います。

演じるときは演者が自分でリズムをつくりますが、音楽にはもともと決まったリズムがあるから、歌い手はそれに合わせなくてはなりません。

ただ、歌も芝居も、ひとつの世界観を表現するという意味では同じです。

歌の訓練をずっと続けてきたわけでもないし、私の歌はうまいとは言い難い……。でも、歌の世界観を〝演じるように表現する〟ことはできるのではないかと思っています。歌の詞の世界を表現するのに、歌唱力とは別のところで勝負するというのか……。

そう考えると、私にとって、歌うこともまた、女優としての表現方法のひとつと言えるのです。

「女優女優している」ふうに見えます？

「もっと、女優女優している人かと思っていました」

初対面の人や付き合いが浅い人から、よく言われます。

どうも、高岡早紀というと「女優帽かぶって、毛皮のコート着て、付き人に何でもやってもらっている」というようなイメージがあるみたいで……。

まさか！　そんなわけあるはずないじゃない（笑）。

昔の女優さんならいざ知らず。私がこの世界に入った頃というのは、もうそういう時代ではありませんでした。それに、「なんでも一人でできるように」という事務所の方針で育てられたこともあって、基本、「自分のことは自分でやる」というスタンス。優雅に毛皮のコートを羽織って、女優帽をかぶっている場合なんかじゃありません（笑）。

若い頃は、一人で現場に行くなどというのは、日常茶飯事。運転免許を取ってからは、自らハンドルを握って撮影現場に出かけていたこともあります（周囲からは「危ない」と反対され、私自身、仕事が終わって自分で運転して家まで帰ることに疲れを感じるようになったため、今はもうさすがにやめていますが）。

20代前半の頃の話。主演させていただいた映画のロケがアメリカとキューバで行なわれたのですが、日本人の通訳さんがいたとはいえ、スタッフは全員現地の人で、日本から行くのは、私と監督の二人だけということもありました。

「さすがに、それはちょっと……。なんだか怖いし」というわけで、自腹を切って妹を連れていったのですが、妹が何をしてくれるというわけではなく、監督との折衝《せっしょう》（ちょっと大袈裟《おおげさ》でしょうか）だって、自分自身で行ないました。

撮影を終えて、夜、ホテルに帰ってから、部屋に備え付けの便箋に監督への不平不満（?）、要望などを書き綴り、ドアの下から監督の部屋にサッと滑り込ませておく。すると、しばらく経って、今度は、監督からの返事がドアの下から届けられる。

そんなことをやったりもしていましたねぇ。反抗期だったのでしょうか（笑）。監督に対して思うことがあるなら、面と向かって言えばいいものを、手紙に書くというまどろっこしいことをやっていたわけです。

もう時効だからバラしてもいいでしょう。その監督とは、作家でもある村上龍さんです。そういえば、このロケのとき、途中でホテルを変わったのですが、最初、あまりにひどいホテル（狭くて、不衛生で、トイレもお風呂もない……）で泣きそうになりました。「なんでも自分でやる」をモットーに自立心を養いつつあったとはいえ、まだまだ小娘です。

私は、国際電話で事務所の社長に窮状《きゅうじょう》を訴えました。社長は「わかった、わかった」と、ひと通りの話は聞いてくれたのですが、電話は、「今、日本は何時だと思ってるんだ⁉」（そのときは、時差にまで思いが至らなかったけれど、日本は真夜中だったんです）の言葉を最後に切れてしまったのでした。

妹がいるとはいえ、たった一人でニューヨークという大都会に放り出された気持ちになりました……。たくましくもなるはずです。

私は、基本的には、どんなことでも、だいたい自分一人でやってしまいます。ただ、ひとつだけ、往年の大女優さんは自分でやっていたのに、私は人に任せる、ということがあります。

それは、メイク。かつては、「女優たるもの、大切な顔を他人に触らせるものではない」という考え方が主流だったようで、みなさん、ご自分でメイクをされていたようです。

そんなに大昔の話ではないですよ。ひと回りほど年上の仲良しの女優さんがいるのですが、彼女が育った時代はまだ自分でメイクをする時代だったようで、いまだに彼女は、自分でやっているそうです。

「人に顔を触らせちゃうの⁉」

私がメイクさんにお願いしていることを知って、彼女は驚いていましたが、私としては触ってもらってぜんぜん大丈夫。自分自身で自分のイメージをつくり込み、自分でメイクすることで、それをずっと維持していくのも、ひとつの方法です。でも、私は、人に任せて、そのときどきで違う自分の顔になりたい。そのほうが、私自身は楽しいと思います。

これが、私がメイクさんにお願いする理由です。

アメとムチ

いつの頃からか、ハッキリとものを言うようになりました。

それはきっと、自分が守るべきこと、自分がやらなくてはならないことが、歳を重ねて明確にわかってきたからではないかと思います。もう人に媚《こび》を売らなきゃいけない年齢でもないし、媚を売ったところでどうなるものでもないし……。

ただ、人に媚は売らないけれど、気は遣います。

おやじギャグみたいなことを口にしたりして、「早紀さんて、本当はおもしろい人なんですね」と言われることが多いのですが、実はこれ、意識的にやっている場合も。

仕事のシーンでの話になるのだけれど、私は「ザ・女優」のように思われているフシがあり、年齢的にも、若い人たちから怖がられがちなんです。

怖がられたままだと、仕事がうまく進まなかったりするでしょう？　周囲の人たちが私に対してイエスマンになったりして、それじゃあ、いい作品にならないでしょう？

私には、みんなで楽しくひとつのものをつくっていきたいという思いがあります。だから、その場を和ませて、周囲の人たちの緊張感を解くために、おもしろいことをぽんぽん言ってみたりするんです。そうすることで、いい仕事につながれば、と。

ひょっとして、おやじギャグを連発して周囲から煙たがられている世間のオジサンも、私と同じ思いだったりするのかしら⁉

仕事の現場を和ませるだけではなく、その場の空気をピリッと引き締めるために言葉を発することも、もちろん、あります。

和気藹々《わきあいあい》とした雰囲気の中で楽しく仕事をしたいと思ってはいるけれど、「なぁなぁ」はよろしくない。仕事に支障が出るくらい、いつまでも、うだうだ、だらだら話しているような人がいたら、「いつまでしゃべってるの？　いい加減、やめようよっ！」などと思うことがあります。やっぱり仕事は仕事ですから。

ため口でおしゃべりするのも、現場でふざけ合ったりするのも、そのこと自体は、私的にはぜんぜんＯＫなんです。ただ、それは、ちゃんと仕事が成り立った上での話。全部が「なぁなぁ」になって、仕事にも支障をきたしている――。そんな状況は、どうにもこうにも我慢ができなくて、つい苦言を呈してしまいます……。


昨今、仕事の現場で驚くような光景を目にすることが増えました。

最初は、平成生まれの人たちが、ちょうど社会に出たときくらいでしょうか。

大勢がひとつの大きなテーブルにつく機会があって、いちばん駆け出しの子が、いちばん上座に座って涼しい顔をしているのを見たときは、本当にびっくりしました。その若者は、早く来たため、奥から詰めて座るほうがいいと思ったのかもしれない。でも……。「早く来たんだね。それはそれで偉かったけど、その席に座るのは大間違いだよー」という言葉を、私は呑み込みました。

現場では、私など足元にも及ばない大先輩の俳優さんと一緒になることも珍しくありません。そんな人たちに向かって、駆け出しの子が「おはよーっす」と、軽いノリで言っているのを初めて見たときも、ギョッとして。

大先輩の方々は人間ができているから、若者の無礼に腹を立てたりはされませんが、ちょうど中間世代の私は、「キミは誰に向かって、そんなもの言いをしているんだ⁉」と、ハラハラドキドキしちゃいます。

こんなことがちょこちょこあって、最初は驚きの連続でした。「注意してあげたほうがいいのかな、教えてあげるべきなのかな」と迷ったときもありましたが、結局、これに関しては、看過することに決めました。

若い人たちは、経験を積んでいく中で、ひとつずつ自分で学んでいけばいいのかな、と。ときには恥をかき、ときには怒られたりしながら、自分の振る舞いを反省し、正解を見つけていけばいいのではないかと思うのです。

それに、私自身、時代とか、世代間ギャップとか、そういったものを、ある程度は許容していかなければならないのでは。そんな思いもあって。ときは流れる……。

結婚、そして離婚について

23歳のときに結婚しました。

深作欣二監督作品との出会いで「女優」という職業に目覚め、どんどん仕事がおもしろくなってきた頃でした。そんなときに結婚を決めたものだから、周囲の人たちからは本当に驚かれ、心配されたりもしましたが、迷いや不安は微塵《みじん》もありませんでした。

客観的に見ると、確かに23歳での結婚は早いと思います。

でも、このタイミングで、私との結婚を望む男性に出会ってしまったのです。うちの母がやはり23歳で結婚しています。それが頭の中にあったものだから、「今、私も結婚していいんだ、結婚しよう！」と思ったんですね。

仕事をどうするか。正直、その時点で深くは考えていませんでした。そのとき、私にとっていちばん大切だったのは、「彼と結婚すること」だったのです。

結婚生活がスタートし、翌年には長男が、その2年後には次男が誕生しました。もともと子どもにはまったく興味がなかった私が、「彼の子どもが欲しい」と思うようになり、望み通り、二人の息子を授かったのですから、本当に幸せでした。

長男が生まれてからしばらくの間は、コマーシャルの撮影くらいで、仕事はほぼ休業状態。こんなにかわいい子を置いてまで仕事をする意義が、そのときには見つからなかったからです。次男が生まれてからは、「いい加減、仕事に戻りませんか?」という周囲の声もあり、さらに、二人目で育児に慣れてきていて、おまけに、母との同居を始めたせいもあり、思い切って仕事に復帰しました。

そうは言っても、次々と休みなく仕事を入れるというような本格的復帰ではなく、「どうしてもやりたい」という仕事だけやらせていただく……。そんなスタイルでした。

やっぱり、そのときの私にとって、いちばん大切にしたかったのは、子どもたちであり、家族と過ごす時間だったのです。

二人の子どもに恵まれた幸せな結婚生活でしたが、少しずつ歯車が狂い始めていたのでしょう。気が付いたときには、修正不可能になっていました。夫婦がそれぞれまったく別の方向を見ていたというのでしょうか……。

結婚というのは、「私たち、同じ方向を見て、一緒に歩いて行こうね」というところからスタートしますよね。そもそも、「この人なら、同じ方向を見て歩んでいけそう」とお互いに思うから結婚するわけで。

私たちも、確かにそうでした。だけど、子どもが一人生まれ、二人生まれ、月日が流れるうち、徐々に徐々に、子育てを含めた夫婦の方向性にズレが生じてきて……。

離婚は珍しくない現代ですが、それでも、生涯添い遂げる夫婦のほうが多いでしょう？それが当たり前のように思われたりもしているけれど、夫婦が同じ方向を見続けたまま、方向性を統一したまま、どちらかが死ぬまでずっと一緒にいるって、それはそれは大変なことだとつくづく思います。

私たち夫婦は、8年の結婚生活にピリオドを打ちました。

離婚の一年くらい前から、夫婦の関係は破綻していて、お互いの気持ちは完全に離れていました。

温かい家庭生活という貴重な体験をさせてくれて、かけがえのない息子たちも授けてくれた……。そんな彼には感謝もありましたし（もちろん、今でも）、妻として至らなかった自分に対して反省もありました。でも、もう私たちが夫婦の関係を維持していくことはムリ……。ならば、前を向いて歩いていくしかない‼

私は覚悟を決めたのでした。

私と子どもたちが平和で楽しく暮らしていくには、まず、私自身が健全なメンタルを持つことが先決でしたが、そのために、そのとき必要だったのは、「離婚」という選択だったのです。

世界中の何よりも大切でかわいい子どもたちを、絶対にハッピーにしてあげる。大丈夫、絶対にできる！

私は、女優業に本格復帰し、自分自身を鼓舞してシングルマザーの道を歩き始めました。

人の口を塞ぐことはできません。
だったら言いたい人には言わせておく。

初めての女の子

37歳のとき、お腹に新しい命が宿りました。再婚を考えていた男性との間に、望んでできた子。結局、その人とは「結婚しない」という道を選ぶことになってしまいましたが、「産む」という決断には、ひとかけらの迷いもありませんでした。

私は24歳で長男を、26歳で次男を産んでいます。12年ぶりの出産、38歳で授かった末の子は、初めての女の子でした。

生まれてすぐにこの胸に抱いたとき、やわらかくて、ちっちゃくて。女の子は生まれた瞬間から、「守ってあげたい。守んなきゃ」と思わせる存在なんだなぁとしみじみ感じたものでした。

が、しかし。生まれたときのはかなげな印象とは異なり、いざ育児を始めてみると、まぁ、世話がラクなこと、ラクなこと。息子二人を育てた実感ですが、男の子は本当に甘ったれで、「ママ、ママ、ママ、ママ〜」とずっとついて回るし、「うわーん」とすぐに泣き叫ぶし、小さい頃は体も弱くて、しょっちゅう病院に連れて行かなきゃならない。

ところが、女の子は、聞き分けはいいし、体は丈夫だし、育てやすいといったらありません。年齢も重ねていて、私自身にいろいろな経験値が増えていることもあり、末の娘の育児は、驚くほどラクでした。


妊娠がわかってから、助産師さんは口を酸《す》っぱくしておっしゃいました。

「早紀さん、あなた、今回は高齢出産になるんですから、体には十分、お気をつけ遊ばせ」

ええ、ええ、気をつけましたとも。その甲斐あってか、産後の体調はすこぶるよろしく。前の2回は、産後、しばらくは寝て過ごしていたのに、今回は、出産の次の日から普通に歩くことができて、出産前と何も変わらない生活ができたのです。

これ、もしや娘のお陰？　だとしたら、つくづく親孝行な子です。

お兄ちゃん、自宅出産に立ち会う

私は、子どもを三人とも自宅で出産しています。

初めてのときは、普通に病院で産もうと考えていました。実際、家の近くの産婦人科に通っていたのですが、ハタと考えてしまったのです。「この出産のカタチでいいの？」って。それからいろいろ調べていくうちに、自宅出産という方法があることを知りました。そして、聞くだけ聞いてみようと助産師さんに電話を掛けたところ、その先生がとても素晴らしい方だったので、お願いすることに決めました。

自宅は、心から落ち着ける空間です。その場所で、信頼できる人だけに囲まれて、新しい命をこの世に送り出す――。

それはもう、自分の思い通りの出産でした。二人目のときも、三人目のときも、迷わず自宅出産を選んだのは、この方法以外には考えられなかったからです。

次男を産んだときは、まだ2歳半だった長男も立ち会いました。そして、長女が生まれるときは、14歳になった長男と12歳になった次男が、やっぱり見守ってくれました。

二人にとってそれは、ものすごく豊かな人生経験になっているのではないかと想像します。上の子は、母親のお腹がどんどん大きくなるさまを目の当たりにして暮らし、弟や妹が生まれるのを、とても楽しみにしているわけです。そのお腹の子が、この世に生まれ出る神秘的な瞬間に立ち会えるんですよ。彼らの心の中には、何か温かくて、大きなものが残されたのではないでしょうか。

その証拠に、お兄ちゃん二人は、妹をとても大事にしているのがわかります。特に長男は、弟と妹を生まれた瞬間から見ているから、二人に対する気持ちが深い。妹とはひと回りも年が離れていることもあり、妹のことを「娘」のようにかわいがっています。一方、次男のほうは、妹はあくまで「妹」な感じですが、二人がそれぞれ違うアプローチで妹のことをかわいがっている。母親の私は、そんなお兄ちゃんたちの姿に目を細めています。

電動ノコギリの使い用途《みち》

最近、電動ノコギリを買いました。

昨今、男性並みに電動工具を自在に操る本格的なＤＩＹ女子が増えているそうです。でも、私が電動ノコギリを買ったのは、彼女たちとは目的が違います。彼女たちの目的は、何かを「創造」するためでしょう？　私は真逆。電動ノコギリを購入した目的は、あるものを「破壊」するためでした。

コロナ禍のステイホームで時間に余裕ができた私は、一時期、家の中の断捨離に励んでいました。

そこで出てきたのが、お役御免になったプラスチックの衣装ケース。捨てるなら、サイズ的には粗大ゴミになりますが、私が住む自治体では、粗大ゴミは有料で、しかも、事前に申し込みが必要です。「面倒だなぁ」と思っていたら、母曰《いわ》く、「あら、切って一辺を30センチ以下にすれば、普通のゴミの日に出せるのよ」。

「そうなの⁉」ということで、いろいろ調べてみたら、電動ノコギリでプラスチックも切れることがわかり、すぐにネット通販でゲット。届いて早速使ってみると、危ない、危ない……。パカパカしている衣装ケースに歯を当てると、バリバリバリバリバリ――とノコギリごと体が持っていかれそうになってしまって、危険この上ない。がんばってみたけど、「あ〜あ」。結局、衣装ケースは粗大ゴミに出すハメになってしまいました……。

せっかく買ったのに、どうしてくれよう⁉　何かに使えないかと思いをめぐらせていたら、「！」。ストックしてある薪《まき》ストーブ用の薪の中には、ちょっと大きくて扱いにくいものがある。それらを焚《く》べやすく、小さくカットしてみようと思いついたのです。

電動ノコギリ、大活躍！　しかし、それにしても、使うと腕がものすごい筋肉痛に……。電動ノコギリでフィットネス効果？　ンなわけないか。

屋上ガーデン

我が家には屋上があります。

最初、そこはなんにもないガランとした空間に過ぎず、せいぜい、夏に大きなビニールプールを広げ、子どもたちと水浴びをして遊ぶくらいでした。

そんな屋上も、それなりの年月を経て、だんだんと進化を遂げました。

ちょっとしたガゼボ（洋風の東屋）があったほうがいいかしら？

デッキをつくって、パーゴラ（蔓性の植物を絡ませる、木材などでつくった棚。ぶどう棚とか藤棚などの、おおもとになっている棚のことですね）も立ててみる？

と、少しずつ、そんなことをやっていたら、屋上は、今では、すっかり癒しの空間に！

それには、植物たちも大きく貢献しています。

これまた、ちょっとずつ増やしていったのですが、屋上には植物の鉢植えが結構たくさんあって、その一画を、私は「屋上ガーデン」と呼んでいます。

屋上ガーデンは、愛でて癒される美的空間だけの存在ではありません。ここに植えられているのはローズマリー、ラベンダー、レモングラスといったハーブ類と、ブルーベリー、レモン、ライム、ゆず、ぶどう、いちじくなどの果樹。つまり、ぜーんぶ、収穫して〝使える〟ものばかりです。

ブルーベリーやぶどう、いちじくは、そのまま食べて、レモンやライムやゆずは、絞った果汁やスライスした皮を料理に使うこともあるし、そのまま、ぽいぽいお風呂に浮かべることもある。ハーブもお風呂に入れますが、レモングラスなんかはハーブティーにしてもいただきます。ローズマリーは、ごはんを作っているときに、「そうだ、ローズマリーがあったんだ」とふと思い出して、料理にのせたりすることも。

観葉植物やキレイなお花だけなら、こうはいきません。我が家の屋上ガーデンは、美的かつ実用的にできているのです！

犬のいる風景

子どもの頃から数えると、もう何頭飼ったか覚えていないくらい、犬は私の生活に当たり前のように存在していました。

〝自分の犬〟として初めて犬を迎え入れたのは、結婚して長男が生まれたとき。ミニチュア・ダックスフンドを飼いはじめて、いちばん多いときで四頭いました。

幼い子どもを抱えて犬もたくさんいて、よくやっていたなぁと思いますが、「犬の世話が大変！」だとか、そんなことを思った記憶はない。それくらい、犬は私の生活に普通に溶け込んでいたのだと思います。

その犬たちが一頭減り、二頭減り、三頭減り……となったとき、今度は、ミニチュア・ピンシャーを人からいただいて、そのうち、我が家の愛犬はこの子だけになりました。

家に動物がいると、とても癒されるのだけれど、命と向き合うということは、その命が消える瞬間にも立ち会わなきゃいけない。とても辛くて悲しくて、我が家の犬がピンシャーだけになったとき、「もうこの子で最後にしよう」と決めたのでした。

ところがどっこい。

今、我が家には、ピンシャーちゃんも含めて、三頭の犬がいます。

息子や娘と話しているとき、いつの間にか犬の話題になって、気がつくと、「新しい犬、欲しいね」ってことで話がまとまっていたのでした。

あれは毛が抜けて大変そう、これは体臭が強そう……。あれもダメ、これもダメということで犬種はなかなか決まらず、スマホで検索していたら、たまたま、あるブリーダーさんのページに辿り着きました。

「何、この子たち⁉」

そこには、ダルメシアン（『１０１匹わんちゃん』で有名な、あの子たちです）の子犬の動画がアップされていて、目にした途端、胸はキュンとなり、その瞬間、我が家に迎え入れる犬種はダルメシアンしかいない、と決定したのです。

こうしてやって来たダルメシアンの女の子。もうかわいくて、かわいくてメロメロで。ダルメシアンの魅力に取り憑かれてしまった私は、それから2年後、もう一頭、ダルメシアンの女の子を迎え入れてしまいました……。


私、犬は大好きです。でも、いわゆる〝猫っかわいがり〟というような接し方ではなく、〝共同生活者〟のような感覚。いくら愛おしくても、やっぱり「犬は犬」という思いがあったのです。でも、ダルメシアンの女の子はちょっと違っていて。

子どもの頃に飼っていた犬は、庭の犬小屋で寝ていましたし、結婚後に飼った犬たちは室内犬だったとはいえ、寝室に入れたことはなく、犬はリビングの専用寝床で寝かせていました。

でも、ダルメシアンちゃんたちは、どこでもOK、入りたい放題、し放題。夜、寝るのは私の寝室です。

私と娘はひとつのベッドに寝ています。二人だったら快適なのに、大型犬二頭もベッド

に上がってくるものだから、狭いのなんの……。しかも、犬たちが先にベッドに上がって
くつろいじゃうとテコでも動かず、私たちの寝るスペースがなくなってしまいます。そう
なったらたまったものじゃない。
「早く、早く！　早く場所取りして！」
「ママ、ママも早くベッドに入って！」
私と娘は「せーの」と声を掛け合って、自分たちが寝るスペースを確保するのが、寝る
前の日課。「やれやれ……」ではありますが、ダルメシアンたちのかわいさを思うと、「ま、
しょうがないね」と。
ダルメシアンが我が家に来てから、私は生まれて初めて〝犬かわいがり〟をしています。
私が年を取ったということなのでしょうか。年齢を重ねて、犬が寝室に入ったりしても許
せるだけの許容力が出てきたってこと⁉　甘やかし過ぎ？　そうかもしれません。
でもね、しつけはちゃんとできているんですよ。お行儀がいいので「トレーニングに出
したんですか？」とよく聞かれるのですが、しつけは、すべて自分でやりました。これ、
ちょっと自慢です（笑）。

少年たちの反抗期

私には二人の息子がいます（その下に娘がいますから、子どもは3人ですが）。長男、次男ともにアメリカの高校に行かせていたのですが、あるときから、真っ赤とか真っ青とかレインボーとかに染めた、ド派手な頭髪で帰国するようになりました。最初見たときには、もちろん驚いて「⁉」となりましたよ。でも、日本とは事情が違うでしょうし、「学校で流行《はや》っているのかしら？　きっとみんな同じような頭をしているのね」くらいに思っていたわけです。

ところが、息子たちが通う高校に行く機会があり、生徒たちの頭部に注目してみると、派手な頭をしているのは、うちの子だけではないですか‼　ママはもうびっくり！

「ねぇ、ねぇ、うちの子たち、おかしくない？」

衝撃を受けた私が息子たちの友達に聞くと、「いいんだよ、高岡兄弟はあれで」というクールな答え。はぁ、そうなんですか……。ママは拍子抜けしてしまいました。

「男の子だから、反抗期は大変だったんじゃないですか？」

こう問われることもあるけれど、振り返ると、ちょうど頭髪を染めていた頃が反抗期だったのかもしれません。私と口をきかなかったり、汚い言葉を浴びせたりするようなことはありませんでしたが、今思えば、その頃、二人ともブスブスしていたような……。

同じ時期のあるとき、私は、長男と次男それぞれの部屋の壁に、拳で開けたと思しき穴がひとつずつ開いていることに気が付きました。「なんで？」「どうして？」などと問いただしたところで、思春期の少年が素直に母親に腹を割って話すとは思えませんでしたから、そっとしておきました。きっと、彼らは彼らなりにその時期特有の葛藤を抱えてもがき、やり場のない感情を壁にぶつけたのでしょうね……。

反抗期は誰もが通る道。息子たちも、無事にそこを乗り越えて、ひとつ大人になったのではないかと思います。ちなみに、壁の穴は、今でも、そのまんまにしてあります（笑）。

「うちはお金持ちなの？」の答え

いちばん下の娘はまだ小さいのでさておき。親バカと言われるかもしれないけれど、上の二人は、割と金銭感覚がきちんとしていると思います。

「うちはお金持ちなの？」

娘もそうですが、息子たちも小さいときには、こんな質問をよくしてきました。

「ううん。違うよ」と私が答えると、「じゃあ、うちにはお金がないの？」と聞いてくる。

そんなとき、次のように話すのが常でした（今でも娘には話しています）。

「ないこともないけど、そのお金は、空から降ってきたんじゃないんだよ。みんながこうやって暮らしていけるだけのお金があるのは、ママが一生懸命働いているからなの」

こんなことを言い聞かせて育てたせいで、「湯水のようにお金を使うなんて、とんでもない！」という価値観を植え付けることができたんじゃないのかな。

インターナショナルスクールに通わせていたことも、良かったのかもしれません。インターには、正真正銘お金持ちの子どもがたくさん通っていて、お金の使い方が半端じゃない。休みがあると、すぐに家族全員で海外旅行に行くとか、家の高級外車がしょっちゅう替わるとか。息子がクラスメイトの家のことを話すたび、「うちは、そんなんじゃないから」と言い続けてきました。これもまた、功を奏したのではないのかなぁ。

おかげさまで、子どもたちは、とても感謝してくれています。

「今までありがとう。これからは、ママが僕にかけてくれたお金を、僕が返す番だからね」

昨年、大学を卒業してアメリカで就職した長男が言ってくれました。

できた息子？　そうでしょうか。でも、まだ一銭も返してもらっていません。言うのと、実行するのとは大違いです。厳しいんです、私。

などと言いつつ、本当は、その言葉だけで涙が出るくらいうれしかったんだけど。

息子のカノジョ

これまで、息子たちが家に女の子を連れてきたことは、ちょいちょいあります。

「そんなとき、お母さんとしては、どういう気持ちなの？」と問われることがあるのだけれど、その女の子と息子との関係性によって、ママの気持ちは違いますよ、はい。

「あの子は、友達なの？　それともカノジョ？」

息子に聞いたら、「友達」という答えが返ってきたことがあります。それを聞いて、安心したと言うか、なんと言うか……。「どうぞ、どうぞ、楽しいときを過ごして帰ってくださいね」などと言って傍観していられます。

でも、真剣に付き合っていて、もしかしたら結婚する可能性があるかもしれない女の子だったら、話はまったく違ってきます。「あら、かわいい女の子ね」では済ませられない。

だって、やっぱり我が息子のことが心配じゃないですか。

「本当にこの子で大丈夫なの？」などと思ってしまって、どうしても見る目が厳しくなりそうです。女性は女性の目で見たほうが、本性がわかったりするものでしょう？　だから、しっかりチェックしてやりましょう、と。

うわぁ、今から、姑根性丸出し（笑）!?


あるとき、ふと見ると、我が家のリビングのソファに長い髪の毛がたくさん絡まったブラシが無造作に置かれていました。息子が連れてきた女の子の友達（多分、カノジョじゃない、と信じたい）のものだったみたいですが……。そんなブラシを人の家のソファにポイと置いちゃうような子がお嫁さんになったら、ちょっとね。それに、息子たちのお嫁さんになる人は、お料理が上手な人がいいなぁ、などと思ったりして。

まぁ、パートナーを選ぶのは最終的には息子たちですから、母親の私がどうこう言っても仕方がありません。そしてどんな人がお嫁さんでも、きっと、孫はかわいいに決まっています！

我が家の男子はジェントルマン

「離婚」という親の都合によって、うちの息子たちは、一人親（つまり母親である私）の家庭で育つことを余儀なくされました。しかし、なかなかどうして、それなりに真っ直ぐ育ってくれたと、母としてはうれしく思っています。

息子たちには、女の子を守ってあげるような男の子になってほしいと思い、また、そうなるような育て方をしてきたつもりです。その効果があったのか、一緒に買い物に行くと荷物を持ってくれたり、道を歩けば、「ママはこっち側ね」と私を歩道の内側に寄せて自分たちは車道側を歩いたり。息子たちは幼い頃から、ジェントルマンでした（笑）。

本当に小さいうちは、私が同じようにして彼らを守っていました。ところが、いつしか息子たちのなかに、「ママを守らなきゃ！」という思いが芽生えてきたのか、立場が逆転していったんですね。

成長してからは、二人とも私の話をよく聞いてくれて、相談に乗ってくれるようにもなりました。「どう思う？」と聞くと、「こうしたらいいんじゃないの」みたいなアドバイスをくれたりもしますが、それは、昨日、今日、知り合った男性《ひと》より、よほど的を射ていたりするんです。私を理解しているという意味で、彼らを超える男性はいないかもしれない。

彼らが成人してからは、たわいもない話をしながら、一緒にお酒を飲むこともあります。とは言っても、二人とも、私のように飲兵衛ではないから、外でごはんを食べるときにお酒を飲まなくてもぜんぜん平気。

息子を持って、何がうれしいかって、そこです、そこ。

車でちょっと遠出して家族でごはんを食べるときも、「アッシーくん」（古すぎて若い人には意味不明かしら？　わからなかったら、年上の人に聞いてみてください）じゃないですけど、息子が運転してくれると思うと、私は心置きなくお酒が飲める。うれしいな。

我が家のジェントルな息子たちは、ある意味、私のボーイフレンドのようなもの。いえ、ボーイフレンドを超越している存在です。

同年代のみなさんに問う！　あまり大きな声では言えませんが、この年齢になってくると、朝、起き抜けの顔は誰にも見せられないと思いませんか？　起きたばかりの自分の顔を鏡で見ると、ホントーにひどくて、我ながら落ち込むくらいです……。

その顔で、息子たちと廊下ですれ違ったりすると、思わず、聞いてしまいます。

「ね、私、ひどい顔じゃない？」

すると息子は言うのです。

「いや、そんなもんじゃないの」

この言葉に、どれほど救われるか……！

これが長年連れ添った夫だったりしたら、どうでしょう。自分のことは棚にあげて、「そうだよ、もうちょっとどうにかすれば？」などと突き放したりするんですよ、きっと。じゃあ、カレシだったらどうかというと……。そもそも、私の寝起きの顔など見ることはないでしょう。だって、おそらく私が見せないと思うから（笑）。

そんなことを考えると、今さら恋愛なんて、ホントに面倒くさいなぁと思ってしまう自分がいたりして。こんなことを言うなんて、ちょっとヤバイかしら。

「子どもたちが巣立ってしまったらどうするの⁉　そんなことを言ってたら、さびしい老後になっちゃうよ」

親切に言ってくれる人もいますが、大丈夫。子どもたちが巣立ったとき、たとえパートナーがいなかったとしても、「一人ぼっちでさびしいなぁ」などと思う気がしないのです。それは、ずっと前に息子が言ってくれた言葉に起因しています。

「カノジョとママ、僕にとっては、どっちも大事な存在だよ。カノジョがいるからママに電話しないとか、決してそんなことはないわけじゃない？　カノジョとママは、ぜんぜん違うところで存在している人たちだから、どっちが大事とか、どっちを取るとか、そんなことは言えない」

この言葉があるから、私は、「一人ぼっちにはならない」と信じているのですが。甘いでしょうか（笑）。

娘の女子力

長男と次男がある程度成長した頃に授かったこともあって、私にとって、娘は孫のような感覚。今まで、気負わず、楽しみながら育ててこられたと思っています。

楽しいのは、女同士ということも大きいかな。「どんなお洋服を着せてあげようかしら」なんて、ウキウキしながらかわいい洋服を選んだりできるでしょう？　「着せ替え」の楽しさとでも言うのかしら。男の子に「着せ替え」しても、ぜんぜん楽しくないですもん。うちの娘を見ていると、「やっぱり女の子なんだねぇ……」という部分がたくさんあって、それを見るのも、母としては楽しいところ。

小さい頃から娘は、メイクしたり、マニキュアを塗ったりするのが大好きだし、ヘアスタイルも、なんだかよくわかりませんが、自分で考えてあちこちゴムで結んだり。私が自分のアクセサリーを出しておくと、それをジャラジャラ重ね付けして楽しそうにしています。私の目から見ると「？」のこともあるのですが、娘はこうやって、自分なりの工夫をたくさんして、自分だけのおしゃれを楽しんできたようなのです。

その娘も10歳になり、ときどき、高い女子力を見せつけて、私をハッとさせます。

たとえば、「外にごはんを食べに行こう」となったとき、娘は、「ちょっと待ってて！」と言って、よそ行きのかわいらしい洋服に着替えるのです。

「え、着替えるの⁉　あなたが着替えるなら、ママも着替えたほうがいいかしら？」

着替えることなど考えてもいなかった私が驚いてたずねると、「うん、ママも着替えて」と娘は言い、クローゼットの中からおすすめの洋服を出してきてくれたりする……。

私なんかより、はるかに高い女子力！

物心ついてから、娘は、私とお揃いの格好をしたがるようになりました。そんなこともあって、息子だけのときは、プライベートではほとんどパンツで通していた私が、スカートをよく着るようになりました。娘のおかげで、ちょっと女っぽくなったかも。

子どもたちからの「ありがとう」

うちの子どもたちは3人とも、「ありがとう」の言葉をしょっちゅう口にします。
私が仕事から帰ると「今日もありがとう。明日もがんばってね」。食事をつくってテーブルに並べると「おいしいごはんをありがとう」。離れて暮らす長男を気遣って電話を掛ければ「心配してくれてありがとう」。子どもたちの洗濯物をたたんでいると、やっぱり誰かが「ありがとう」。ありがとう、ありがとう、ありがとう……。うちの子たちは、「こんなことで〝ありがとう〟って言ってくれるの⁉」と、こちらが恐縮するくらい、何かにつけて、いちいち感謝の言葉を口にしてくれます。

思うところあって、3人の子どもたちはインターナショナルスクールに入れました。ケッコウな学費に悲鳴をあげそうになりながら、せっせせっせと働いて、彼らをそこで学ばせたのでした（末の娘は現在も通っています）。

高い学費を払ってでもインターに通わせて良かったと思うことはたくさんありますが、いちばんは、感謝の言葉を素直に言える人になったこと。

外国の人って、何かにつけて「Ｔｈａｎｋ ｙｏｕ！」を口にしますよね。私は、ただ、の日本人なもので、母にはとても感謝しているくせに、なんだか照れくさくて、面と向かって「ありがとう」がなかなか言えない。だけど、うちの子たちは、幼稚園からインターに通って、まるで挨拶みたいに「Ｔｈａｎｋ ｙｏｕ、ｔｈａｎｋ ｙｏｕ」と言う文化に触れているものだから、この点はまるで外国人。見習わなきゃなぁと思っています。

「そんなに感謝してくれて、ありがとう」

「何言ってるの、ママ。こっちがありがとうだよ」

「いやいや、こちらこそありがとう」

「いや、僕のほうこそありがとう」

ときに我が家では、「ありがとう合戦」が延々と続くのでした……。

育児がストレスだなんてとんでもない！

幼い子どもを持つお母さんの中には、子育てのストレスがたまってノイローゼみたいになる人も少なくないと言いますよね。でも、幸いなことに、私は、育児がストレスだと感じたことは一度もないんです。

息子二人が小さいときは、ほとんど仕事を入れていなかったせいで時間に余裕があったから、存分に育児を楽しんでいました。望んで授かった子どもと、毎日、一緒にいられるんですよ。これほど幸せなことはないではありませんか！

子どもは毎日、成長していきます。ちょっと目を離している隙に「あ、いつの間にか立ってる」などということもあり得るでしょう？　だから、そういう大事な瞬間、瞬間を見逃すまいと、時間が許す限り、ずーっと子どもたちのそばにいました。楽しかったなぁ。

毎日、近所のスーパーにお買い物に行く以外は、朝から晩まで、子どもたちと公園で過ごしました。彼らは泥んこになって遊ぶわけだから、その子を抱いて汚れても気にならない装いをしていました。抱っこすれば、よだれだってついちゃうし。

振り返って冷静に見ると、結構、ひどい格好だったけど、あのときはあれで良かったんだと思う。「うわっ、泥だらけ」「ゲゲッ、よだれまみれ」などと、いちいち気になるような、いい洋服着てオシャレをしていたら、別のところでストレスがたまりますもんね。

どうでもいい格好をして、髪を振り乱して、育児に奮闘する自分を俯瞰して見て、「私、ちょっとひど過ぎるかも……」「こんなんじゃヤバいよね」……などと悩めるお母さんがいたら、「そんなことはない！」と声を大にして言ってあげたい!!

我が子のためにがんばっているあなたは、それだけで美しい。無償の愛というのでしょうか。見返りを求めず、誰かのために一生懸命になれる人は、外見など関係ないところで崇高な美しさを放っている気がしますけど、子育て中のあなたは、まさに、そのまっただ中ではないですか！

「ママ友」ふたつのタイプ

ママ友がいなさそうに見えるらしいのですが、失礼な（笑）。子どもを3人も育てているんです。私にだってママ友くらいいいますよ!!

息子二人を育てているときには、男の子のママと、今は娘の友達、つまり女の子のママとの密なお付き合いがあります。で、そうしたママ友を見ていると、男の子のママと女の子のママは、明らかにタイプが違うように感じます。

男の子のママは、どちらかというと、さっぱりサバサバ、しっかりしているのに対し、女の子のママは、もうちょっと女っぽいというか、キャピキャピしているというか……。やっぱり、女の子のママは、自分の娘と一緒にオシャレしたりとか、母娘で女同士の結束みたいなものがあるからでしょうかね。

あれ？　ということは、男の子も女の子もいる私はどっち？　息子たちを育てているときと娘を育てている今とでは、タイプが変わったってこと!?　え〜、そうなの？

自分で書いていて、よくわからなくなってきましたが、ごめんなさい。間違えていました。男の子のママだから、女の子のママだから、ということではなく、息子のママ友と娘のママ友のタイプが違うのは、単に年齢の違いでした……。

息子たちを育てているときは私もまだ若く、ママ友の中ではいちばん年下だったんです。だから、みんなからすごくかわいがられて面倒を見てもらった。そのせいで、ママ友のことが頼もしく思えたんですね。ところが、娘を産んだのは38歳だったから、今度は立場が逆転。私がいちばん年上なくらいだから、娘の友達のママたちがキャピキャピしているように見えちゃう。

そういうことでした。すみません。

どちらにしても、ママ友はざっくばらんな人たちばかり。私自身も、こういうさばけた性格なんで、みんなで結構仲良くやっていますよ〜。

私のカガミ

私が6歳のときに父が交通事故で亡くなり、それから母は、兄と私と妹の3人を女手ひとつで育ててくれました。

父は横浜でジャズのライブハウスを、母は地元・藤沢で花屋を、それぞれ経営していましたが、父亡きあと、母はライブハウスのほうにも行くようになって、昼も夜も働くようになりました。

すごく忙しかったはずです。だけど、ちゃんと朝夕の食事をつくってくれていたし、学校の行事にも来てくれた。たまには旅行にも連れて行ってくれたりもしていましたから、私の中には、「お母さんが忙しくてさびしかった」という記憶がない。母のおかげで、父親がいないことにひけめを感じたこともなかったように思います。

そんな母と同じように（母は父とは死別、私は離婚と、きっかけは異なりますが）、私も一人で子どもを育てることになりました。長男が6歳、次男が4歳のときでした。

この決意をしたとき、「子どもたちには絶対に不憫《ふびん》な思いはさせない」と心に誓ったのですが、実は、彼らをハッピーにしてあげる自信がありました。小さいときから母のがんばりを見ていたから。「お母さんは私たちにあれだけのことをしてくれた。私にも絶対できるはず！」と。そして、今、私ががんばっていられるのも、母のがんばりを見てきたからにほかなりません。

母は私のカガミです。

自分が3人の子どもを一人で育ててみると、母の大変さが身にしみてわかります。だけど、母を見ていると、苦労を微塵も感じさせません。それが母の偉大なところです。

母は、穏やかというか、心が広いというか。そして、みんなから慕われている。

私がまだ10代の頃、母は仕事現場に付き添ってくれていました。現場のスタッフはほとんどが母より年下なわけで、その人たちはみんな、母のことを「ママ、ママ」と慕っていましたね。大人になってからは、私のママ友が、「ママもどう？」などと、私じゃなくて母に誘いの電話をかけてくるくらいです。

大人たちからだけではなく、母は（うちの子以外の）子どもたちにも慕われます。子どもがいれば、みんな「バァバ、バァバ」と母に寄っていく。私は、やっぱり自分の子どもがいちばんかわいいと思うのだけれど、母は「あら、よその子どもだってかわいいじゃない」と言って、自分の孫もよその子どもも、同じようにかわいがるのです。

我が母のことながら、すごいなぁと思っています。

と、そんなことを言いながら、ひとつ屋根の下に20年も住んでいれば、しょっちゅう「鬱陶《うっとう》しい」と思います。多分、お互いさまに。

母とは、次男が生まれたときから一緒に暮らしています。

「今までさんざん働いてきたんだから、そろそろ仕事を辞めれば？　今まで一人暮らしさせちゃってたけど、私たちの家に来て、孫の面倒でも見ながらのんびり暮らせば？」

こんなふうに、うまいこと（？）を言って、母には仕事を辞めてもらって、我が家に来てもらったというわけです。

「ずっと仕事を続けておけばよかったわ」

ときどき、母は冗談めかして言います。でも、今、孫に囲まれて、まずまず幸せなんじゃないかと思います。口うるさい娘はいるけれど。

母のことは尊敬しているし、母を目標に生きていた時代もありますし、母には言葉では言い尽くせないくらい感謝もしています。

私は15歳で仕事をはじめました。娘もあと5年で、そのときの私の年齢になります。

「もしこの子が5年後に仕事をはじめたら」と考えるだけで、心配になってくる自分がいます。それを思うと、実際、15歳で芸能界にデビューした私を見守っていた母の心労はいかばかりだったか……。

「鬱陶しい」などと書いてはみましたが、いろいろな意味で、私は母がいなければ生きていけません。本当に。子どもたちも同様で、私たちにとって母の存在はあまりにも大きく、我が家は母ありきの生活。ありきたりですが、母には元気で長生きしてほしいなと心の底から願っています。

子ども中心の生活スタイル!?

よそのおうちではどうだかわからないのですが、我が家では、こと食事に関しては、子どもに合わせるようなことはしていません。子どもが食べたいものを中心にメニューを考えると、オムライスとか、ハンバーグとか、そういった洋食屋さん的な料理ばかりになってしまいますよね。さすがにそれはちょっと……。

なので、うちでは、大人が食べたいものをつくるのが基本。でも、「今日のメニューだと、さすがに子どもが食べられるものがないわね」という場合には、もちろん、子ども用の料理をプラスして食卓に並べるようにしてきました。

こんなふうに、食事は大人のスタイルを優先させてもらっていますが、さすがに、生活全般において、それを貫くわけにはいきません。

子どもには、子どもの生活があります。幼稚園、小学校、中学校――と、そのときどきで具体的なスケジュールは違うものの、何時に起きて、何時に家を出て、何時には帰宅する――というような、決まったスタイルがあるわけです。

結局、親である私も、それに合わせなくてはならない。

子どもを起こさなきゃいけないから、自分は6時に起きて、お弁当をつくって、朝ごはんを食べさせて、スクールバスの停留所まで送って――。

こうやって、私の生活も、子どものスケジュールを中心に回ってきました。なんだかんだ言っても子どもに合わせてしまう。それが親というものなのでしょう。

ただ……。実は私、ディズニーランドなどのアミューズメントパークにまったく興味がないんです。だから、連れて行くのをうっかり忘れちゃう。

「こないだの日曜日、○○ちゃんはディズニーランドに行ったんだって」

娘に言われて「はっ！」として、「申し訳ない！」と深く反省をするのですが、やっぱり忘れがちになっちゃって。ダメですね……。

母だからこそ発揮できる集中力

自分の生活を子どもに合わせると、当たり前のことですが、自分のために費やせる時間は限られてきます。

この限られた時間を最大限有効に使うために、私が取っているのは逆算方式。

たとえば、「明日は5時に起きなくてはならないから、今日は午後11時には寝る」と決めたら、午後6時に帰宅するとして、寝るまでの5時間でやるべきことを考えるのです。

食事をつくって、あと片付けをして、明日できないから今日のうちに洗濯をして、娘の宿題を見てやって、アメリカにいる長男に伝えなきゃいけないことがあるからメールして、それから台本も覚えて――。

やるべきことを決めたら、何時から何時まではこれ、何時にはこれ……と時間を区切って終わらせていく。だらだらしていると気持ちもダレて、やるべきことが終わらなかったりするから、テキパキとやるべきことを片付けていくのです。家でくつろいでいる時間など、ほとんどありません……。

基本的に「女優・高岡早紀」は仕事場に置いてきて、家では、子どもたちの母親の高岡佐紀子です。ただ、台本だけは、どうしても家で覚える必要があるため、その時間だけは、家族には申し訳ないと思いつつも、家でも「女優・高岡早紀」でいさせてもらいます。

とはいえ、台本を読むのは子どもが寝たあとと決めています。しかし、これがなかなか思い通りにいかない。いつになく娘が夜更かしをして、「えー、まだ寝ないの〜。早く寝ておくれ〜」と心の中でつぶやき、ハラハラしながら娘が寝るのを待つことも。

家族に嫌な思いをさせないようにしつつ、自分の時間をつくるのは、本当に難しいなぁと思います。でも、子どもができてからのほうが、明らかに、時間の使い方がうまくなりました。時間が有り余っていると思うとだらだらしちゃうけど、「今しかない！」と思うと集中力を発揮できて、台本も短い時間で覚えられてしまいます。

私が一個500円のカリフラワーを買わないワケ

カリフラワーが大好きです。でも、私が住んでいるエリアでは買えません。だって、一個が500円以上もするんです!! しかも、すごくちっちゃいの。

ワンコインの出費もためらうくらいお金に困っているわけではないです。それくらいのお金は出せますよ〜。もし一人暮らしをしていて、その小さなカリフラワーを自分だけで食べるなら、迷わず買うでしょう。いえ、もっと言うと、カリフラワーの入ったおいしいサラダを食べるために外食をするかもしれません。

でも、今、私には家族がいます。家族と一緒に家でごはんを食べたいのに、500円以上も出して、小さなカリフラワーを一個買ったところで、一人、ひとかけしか食べられない。それって、おかしくないですか。

自分一人なら、いろいろなところで贅沢をすると思います。

食事だけでなく、たとえば、マッサージなんかにも、多分、しょっちゅう行って自分のためにお金を使うでしょう。だけど、今は家族がいるわけで、決して遠慮ということではないのですが、「私だけがいい思いをするのもなぁ」と思ってしまう。だから、マッサージにしても、本当に疲れを癒さなければならないときだけ行くようにしています。

要するに、私にとっていちばん大切なのは家族で、できるだけのことを家族と共有したいと思っているんです。食事はその典型例。家族みんなで同じものを食べて、「おいしいね」と言い合いたいの。それが私の願いですが、一個500円のカリフラワーは、その願いをかなえるに値しない。却下！

というわけで、カリフラワーは、娘をバレエ教室に送り迎えする道の途中にあるスーパーで買うことが多いです。まぁまぁお手頃価格で買えますが、先日、友達の家に行ったついでにその近くのスーパーを覗《のぞ》いたら、立派なカリフラワーが、なんと一個198円で売られているではありませんか！　即買い。しかも二個。

「こだわり過ぎない」というこだわり

「旅に必ず持って行くものはなんですか？」

雑誌のインタビューなどでよくたずねられますが、私にそんなものはありません。だってね、絶対に持って行くものがあったとして、もしそれを忘れちゃったらどうするの？　旅をしている間中、気が気じゃないんですよ。それがもし仕事の旅だとしたら、仕事にも影響してきそうではないですか。それはちょっと困ります。

旅に持って行くものに限ったことではありません。生活全般において、「絶対にこれじゃなきゃダメ」というようなこだわりを、極力、持たないようにしています。

たとえば、年齢を重ねるにつれて、「体にいいものを食べたい」という思いは強くなってきます。ただ、だからといって、オーガニックにこだわったりはしない。

もちろん、オーガニックのほうがいいとは思う。だけど、こだわりはじめると、外食のお店も限られて楽しみが半減するし、ロケ弁が食べられなくなっちゃうから、自分でつくったお弁当を持参しなくちゃいけない。そうでなくても時間に追われているのに、お弁当までつくっていたら、仕事にならない。それに、オーガニックにこだわっていて、でも、そのこだわりを貫けない状況に直面したら……。精神衛生上良くないに決まっています。

こだわり過ぎると、物理的にも精神的にもガチガチに縛られてしまって息苦しくなっちゃいそう。私はできるだけラクに生きていきたい。だから、こだわり過ぎない。強いていえば、「こだわり過ぎない」が私のこだわりかな。

「私、なんでもいいの」

すべてのことにおいてこだわりを手放せたら、こんなふうに思える達観した人になれたら……生きていくのがラクでしょうね～。だけど、私はまだまだ。こだわり過ぎないと言いながらも、何かにつけて、決して「なんでもいいわけじゃない」自分がおりまする。

「オバサン」になっても「オジサン」にはなるべからず

女性同士で集まって飲んだり、食べたりしながらのおしゃべりは、なんて楽しいのでしょう！　男性の友人・知人を集めるより、女友達を集めてワイワイやるほうがよほど楽しい！と、最近とみに思うようになりました。

同年代か、ちょっと上の女性ばかりが集まって、ああだ、こうだとたわいもない話をする。たとえば、加齢臭の話（笑）。ずっと前に次男が「テレビでやってたけど、オジサンの加齢臭は一定の年齢に達したら消えるけど、オバサンの加齢臭はずーっと出続けるんだって。ママも気を付けたほうがいいよ」と教えてくれたことがありますが、そういう話をみんなの前で披露して、「お互い、気を付けようね」と言い合ってみたり。「お互いに、もし臭っていたら、注意し合おう」とかね。

「気を付けよう」と言えば、女性同士の集まりで、しょっちゅう話題になるのが、「オジサンにならないように気を付けようね」ということ。

女性が年齢を重ねていけば、否が応でも「オバサン」にはなっちゃう。これはもう抗《あらが》えない現象だから、小さい子どもに向かって、「私のこと、〝オバサン〟て呼んじゃダメ。〝おねえさん〟よ」などと言うつもりは、毛頭ありません。オバサンで結構です（笑）。

だけど、加齢とともに女性ホルモンがどんどん減ってくるし、いろいろなことが面倒になったり、だんだんと何事に対しても太々《ふてぶて》しくなることもあって、所作がガサツになったりして、下手すると、女性も女らしさを忘れて「オジサン」になってしまう危険性があるのです。

口を押さえもせずに「ヘックショーンっ‼」と大きなくしゃみをしたり（コロナ禍以前の話です）、お茶しながらお菓子を食べて、その包みをクシャクシャっとやって、その辺にポイっと置いたり。ヤバイ、ヤバイ。そういうことをやっていると、「オジサン」への道まっしぐら……。気を付けなくてはなりませんね。

幸せな時間

離婚後も、生まれ育った家に息子たちをそのまま住まわせてあげたくて、母（私のことです）は、がむしゃらに働いてきました。彼らがまだ幼いときには、私が仕事に出かけようとすると、ときにグズったりすることもありましたが、そんなとき、私は言いました。「ママは別にいいんだよ、お仕事に行かなくても。だけど、もし、ママがお仕事に行かなかったら、もうこの家には住めなくなるよ。そしたら、公園で段ボール立てて暮らさないといけなくなるよ。寒いよ〜。それでもいいなら、ママはお仕事に行かないわ」

随分と飛躍した説得ですが、彼らは、渋々ながらでも私を送り出してくれました。さびしそうに手を振る子どもたちを置いて仕事に出かけるのがどれほど辛かったことか……。身を切られるような思いをしながらも、自分が守り続けてきた家。

途中で娘が生まれて家族が増えて、私と3人の子どもと母との5人で過ごしてきた家。この家が愛おしくてなりません。まさに、私の「帰るところ」。家は、世界中のどこよりも好きな場所です。

大好きなマイホーム、そのキッチンで、家族が寝静まったあとに一人でお酒を飲むのが、私にとっては至福のときです（こう言うと、まるでキッチンドリンカーみたいですが、そうではないです！　誤解のなきようにお願いします）。

我が家は、キッチンとリビングとダイニングが一体化したつくりになっています。私は、キッチンの作業台のかたわらに置かれたスツールに腰を掛け、薄暗がりのリビングとダイニングを見渡しながら、いろいろなことに思いを馳せるのです。

「あ〜、今日も一日、がんばったなぁ〜」と自分をねぎらったり、「やっぱりいいなあ」と改めてマイホームへの愛着を感じたり。はたまた、下の階（我が家は上の階がＬＤＫ）で寝ている家族を思い、「みんな、今日も楽しく過ごしてくれたかな」と考えてみたり。

一人グラスを傾けながらのひととき。とても幸せな時間です。

家族がハッピーで楽しい毎日を過ごすには、
自分自身が日々を楽しむこと。

「幸せな時間」外伝

家族が寝静まったあと、一日を締めくくる〝儀式〟を行ないます。

キッチンのスツールに腰を掛け、白ワインのグラスを片手に、間接照明に照らされたリビング&ダイニングをぼんやり眺めながら、いろいろなことに思いをめぐらせる――。

深夜の静寂の中で行なう、この〝儀式〟は、私にとって、何ものにも代えがたい「幸せな時間」……なのですが、実は、この儀式は、何者かに見張られているのでありました!!

「今日も一日、楽しく過ごせたなぁ……。明日もいい日になりますように」

そんなことを思いながら、リビングのソファのほうを見遣《みや》ると、キラリと光るものが目に入ります。それこそが、私を見張る4つの目。

「ねぇ、ねぇ～、早くしてくれない？　いい加減、ベッドで寝たいんですけどぉ～」

その目は、こう訴えかけているのでした。

「さあ、ちょっとだけ飲んでこようかな……」

娘と愛犬二頭とシェアしている（？）ベッドからそっと起き出して、「幸せな時間」を過ごすべく、上の階のLDKに向かおうとすると、ぐうぐう寝ていたはずのワンコたちがむくっと起きて、私について来ます。

「ついて来なくていいから。ベッドで寝ててよ〜」

私の声などどこ吹く風。彼女たちは尻尾をブンブン振りながら私のあとを追い、真夜中の、大人一人と大型犬二頭の〃大移動〃がはじまります。そして、愛犬たちは、リビングのソファに寝そべり、うつらうつらしながらも、ときおり目を開けては、幸せな時間に浸っている私のほうをじーっと見るのです。

「はい、はい、わかりました。あと一杯だけ飲んだら、ベッドに戻りますって」

その4つの瞳の無言の圧力に負け、早々にお開きにして、再び〃大移動〃で寝室に向かうのでした……。飲み過ぎないで済んでいるのは、彼女たちのおかげかも。

習い事マニア

母は、私たち子どもにたくさんの習い事をさせてくれました。自分が仕事を持っているために家を留守にしがちになり、子どもたちの放課後を埋めなくてはならないことも理由だったのでしょうか。ピアノ、バレエ、書道、スイミング……と、いろいろなことをやらせてもらいました。

そんな中でも、6、7歳頃から始めたバレエには没頭しました。

踊ることそのものも好きだったし、ひとたび音楽がはじまると、自分自身の世界に没頭できる――という世界観も好きでした。レッスンが終わったあと、「早く帰りなさい」と叱られるまで、数名のお友達とおしゃべりをするのも楽しかった。とにかく、稽古場にいるのがすごく好き。小学校高学年になると、レッスンを週5回に増やしたほどです。

改めて振り返ってみると、大人になってからも、結構な数の習い事をしています。ヨガにタップダンスに、ゴルフにテニスに……。

ヨガは好きになれなかったなぁ……。まったく楽しいとは思えなくて。東京での教室を辞めたあと、バリ島で、ホテルのオープンエアのスペースで体験ヨガをやったことがあるのですが、すごく爽快な気分を味わうことができたんです。そのとき、つくづく感じました。「ヨガが楽しいか楽しくないかは、環境に左右されるのね」と。東京で習ったヨガが楽しく感じられなかったのは、きっと環境のせいだったのでしょう。

タップダンスもこれまた……。「タップダンスが踊れたら、なんかちょっと、かっこよくない？」と憧れて習ってみたのはいいけれど、ぜんぜんできなくてイライラしちゃって。教室には申し訳ないけれど、靴もロッカーに置きっぱなしにして、そのままフェードアウト……。もう何年も経っちゃっていますが、本当にどうもスミマセンでした。

テニスも、ぜんぜんできなかったし、ゴルフも、打ちっぱなしは嫌いじゃなかったけど、コースに出てもまったく楽しいとは思えず、すぐにやめてしまいました。

下手だからつまらない、とか、そういう問題ではなくて。〝直感〟と言えばいいのでしょうか。ちょっとやってみると、好きか嫌いか、自分でわかりますよね。で、「嫌いだな」と思ったら、すぐやめちゃう。嫌いなものを極めてみようと思うほどのチャレンジ精神は持ち合わせていないもので。

それにしても、私は、そのときどきで、本当にいろいろなことをやっていますねぇ。「興味を示す先が幅広い」、そして、「飽きっぽい」ということが、その理由でしょうか。「飽きっぽい」というのは、いいことなのか、悪いことなのか……。

少なくとも、女優の仕事をやっていくうえでは、「飽きっぽい」のは、利点じゃないかと。この職業は、パキパキと頭を切り替えて次の仕事に向かっていくことが求められます。前の仕事を引きずっていたら、新しい仕事に取り掛かれない。その意味では、「飽きっぽい自分の性格も悪くないぞ」と思ったりしているのです。

飽きっぽいおかげで、結果的に、いろいろなことにトライすることになり、それらはすべて自分の身になっていくような気がしています。たとえちょっとかじっただけのことでも。これまでにいろいろなことをやってきたけれど、「やらなきゃ良かった」と思うことは、ひとつもありません。絶対に生きていくうえでの糧《かて》になっているはず。そう信じて、これからも、いろいろなことに果敢にチャレンジしていきますよ～。

あ、いちばん最近の習い事について言及するのを忘れていました！

コロナ禍の第一波の自粛生活のとき、時間が有り余ってどうしようもなくて、通信講座で「ボールペン字」を習ったのでした。

近年、文字を手書きする機会がめっきり減って、漢字は書けなくなるし、字は汚くなるしで、ずーっと前から、習いたいと思っていたのですが、時間がなくてなかなかできなくて、このほど、とうとうトライすることができたのでした。

デスクに向かって無心になって文字を書く。それだけでも豊かな時間でしたが、先生が赤字で添削してくれて、「こうしたらもっときれいになりますよ」的なアドバイスが郵便で届く。ちょっと近年まれに見る楽しさ。ひとつのコースを修了し、今も進級テストの勉強中です。やっぱり、楽しいことは続くということなのですよ。

「好きなこと」は たまにやるからいい

昔から、手先は器用なほうでした。

子どもの頃から、母が営むお花屋さんをよく手伝っていて、中学生くらいになると、私がつくったお花のアレンジメントを普通にお店で売っていましたよ。その頃、ちょうど造花が流行ったりしていて、自分でもよくつくっていました。

私、手先を動かして、何かをつくることが好きみたいです。

最近では、娘と一緒にお人形もつくりました。ここのところちょっと流行ったドールチャーム。あのキットが売っているんです。既成のボディがあって、それに毛糸や刺繍《ししゅう》糸の束で髪の毛をつけて、お洋服を縫って着せて、お顔を描いて――というもの。ええ、ええ、ちゃんとかわいくでき上がりました。

私、意外と女らしいことをするんです。編み物もやりますし。あと、歌のライブで着る衣装を針と糸でちゃちゃっと詰めて、ぴったりサイズに直したり。

「女優やっていなかったら、今頃、ファッションデザイナーになってるんじゃない？」手先の器用な私を見て、不器用な友人が言いました。

「それは絶対にないな」

私が返すと、「手先が器用なのにもったいない」と彼女は言いましたが、デザイナーなんてそんなに簡単になれるものではないし、もしなれたとしても、多分、飽きて続かなかったと思います。好きなことは、たまにやるから楽しいのであって、仕事にしてしまったら、つまらなくなる。少なくとも私の場合は……。

人間、贅沢《ぜいたく》だから、「好きなことをやりたい！」と思っていたって、いざ、「じゃあ、好きなことを好きなだけやっていいよ」と言われたら、絶対に飽きてしまいますって。だから私は、「好きなこと」は「好きなこと」のまま、大事に取っておくことにします。時間のあるとき、たまーに思い出して、ちょこまか手先を動かしてつくるのがいいんです。

手作りシュウマイのおいしさに目覚める

正直言って、昔は料理が下手でした。バレンタインにカレシに贈ろうと、友達と一緒にガトーショコラにトライしたものの、レシピ通りにやったはずなのに、生地がちっとも膨らまなくて大失敗……、なんてこともありました。結婚前の話です。

かつての私は、料理が下手、というより、できない、が正確なところかも。

でも、子どもを持ったりしてキッチンに立つ機会も増え、それとともに、それなりに料理の腕も上がってきたように思います。それに、自分が大人になるにつれて、外でおいしいものをいただくことも多くなって舌も肥えてきますますよね。おいしいものがわかるようになったら、おいしいものをつくることができるようになる——。

当たり前のことかもしれないけれど、とにもかくにも、こうして私は、そこそこ普通に、そこそこちゃんとしたごはんをつくることができるようになったのでした。

私の料理の腕前を上げるのに、ひと役買ったのは、コロナ禍の自粛生活です。一回目の緊急事態宣言下では家族全員がほとんど家にこもっていましたから、毎日、毎日、三食、少なくとも二食は家族全員分の食事を用意しなくちゃならない。

テレビのニュースで、「毎日、夫や子どもの食事をつくるのが負担になっている」といった一般家庭の主婦の声が紹介されていましたが、「わかる〜」と思いながら観ていました。毎日、せっせせっせとスーパーに買い物に行っても、冷蔵庫がすぐ空っぽになっちゃって。ホント、買い物だけでも大変だというのに、朝昼晩とつくっていたら、それだけで一日が終わっちゃいそうで……。

でも、この自粛生活で、レパートリーは増えましたし、料理をつくるときの手際が良くなったのは確実です。「何があるかな」と冷蔵庫を覗き、「これがあるから、あれにしよう」と冷蔵庫にある食材をヒントに、パパッとメニューを決めて、チャチャッとつくる。コロナ禍以前より、はるかにスムーズにできるようになった気がしています。

しかし。

「得意料理はなんですか？」

そう問われると、困ってしまう自分がいます。

というのも私、ハンバーグとか、オムライスとか、ポークソテーとか、いわゆる〝きちんと名前のついた料理〟はあまりつくらないから。冷蔵庫にある食材でつくることが多く、そういう料理は「なんとかとなんとかとなんとかを、オリーブオイルでソテーして、なんとかとなんとかで味付けしたもの」みたいな感じで、バシッとした料理名がないですよねぇ……。

あ！　でも、最近つくるようになった料理で特筆すべきものがありました。

シュウマイ。そう、いつものように冷蔵庫にある食材で「さあ、何をつくろう？」と思いをめぐらせ、ハタと思いついたシュウマイを初めてつくってみたら、おいしいのなんのって。

豚の挽き肉にタケノコにシイタケにしょうがに……。冷蔵庫の有り合わせの材料で餡《あん》をつくって皮でササッと包んで、ホットプレートに並べてふたをして蒸し焼きにし、鉄板焼きみたいに、熱々のところを家族みんなでいただきましたが、ほんと〜に、おいしかったんです。

シュウマイが、こんなに簡単にできて、こんなにおいしいなんて！　この年齢にして、初めて知りました。

実は私は、挽き肉が好きで、牛にしろ、豚にしろ、鶏にしろ、合い挽きにしろ、スーパーに行って特売にでもなっていようものなら、つい買っちゃいます。だから、我が家の冷蔵庫や冷凍庫には挽き肉が入っていることは珍しくなく、したがって、必然的に挽き肉を使った料理がテーブルに並ぶことが多くなっちゃって。

麻婆豆腐にミートソースにキーマカレーに、コロッケに（こうして改めて思い返してみると、ちゃんと名前がついた料理もつくっていました……）。

「手作りシュウマイ、おいしいぞ」の発見（！）で、冷蔵庫の中にストックした挽き肉の使い用途が広がりました。これで心おきなく、挽き肉のまとめ買いができそうです。

お皿洗いの流儀

私は、食事が終わったら、食器はすぐに洗わなければ気が済まないタイプです。うちの母などは、食後、食器を食卓からシンクに下げて放置し、しばらくウダウダしたのちに洗いはじめます。友人もそうらしいですが、このタイプ、結構、多いようですね。でも、私は、汚れた食器がシンクに重なっていると思うと落ち着かないから、さっさと洗ってあと片付けを終えてしまいます。そして、キレイになった空間でゆっくりする。そのほうが、はるかにくつろぐことができると思うんですけどねぇ……。

あと片付けのタイミングがそうなら、私は、食器洗いのやり方にも一家言あります。我が家は5人家族（現在、長男はアメリカ在住なので、ふだんは4人）なので、みんなが家で食卓を囲むと、食器は結構な数にのぼります。

母は、深く考えもせず、それらの食器を片っ端から洗って水切りカゴに入れていくものだから、最後には、食器がカゴにテンコ盛りになってぐっちゃぐちゃ。

それじゃあ、ダメなんです。母からは「あなた、本当に面倒な人ね～」とよく言われてしまうのですが。

私は、食卓からシンクに下げた食器を見た瞬間、頭の中のコンピュータのスイッチをオンにします。すると、ピピピピピッと作動して、食器洗いの順番が脳内で弾き出されます。

洗う順番は、大きいものから小さいものへ。洗剤をつけて洗って重ねていくと、小さいものが上になりますね。今度は、上にある小さいものからすすいで水切りカゴに載せていくと、すべての食器がキレイに収まるんです。

母が洗ったときとは大違い。とても同じ量の食器とは思えないくらいコンパクトになります。しかも、こうやって食器をキレイにカゴに収めていくと、サッと取れるから、拭くときもラクなんですよ～。

私のお皿洗いの流儀は、とても合理的に考えられているんです！

家の中は「ピッ」状態

ネックレスの細いチェーンが絡まってこんがらがったりしたのを元に戻す作業が好きです。「そんな細かい作業はイライラしちゃってできない」という大雑把《おおざっぱ》な人には信じ難いことかもしれないけれど、それが好きだし、得意なのです。

チェーンが絡まっているのを見つけると、やらずにはいられない。さささささっと、あっという間にもつれを解いて、元通りチェーンが真っ直ぐになったときの爽快感といったらありません!!

性格的に、なんでもキチッと整っていないと気が済まないところがあるようです。

ネックレスのチェーンもそうだし、食器洗いもそうだし……。人間関係でも、スケジュールでも、なんでもそうですが、ぐちゃっとなっていたり、こんがらがっていたりすると、どうにも気持ちがすっきりしない。「整理整頓しましょうよー」と言いたくなってしまいます。というより、自分でできるものなら、さっさと整頓してしまいます。

たとえば、誰かが、脱いだ上着をイスに無造作に掛けていて、それが床についていたりすると、気になって仕方がなくて、つい、掛け直したりしちゃうんです（もちろん、見ず知らずの人のものはやりませんよ）。

こんなタチですから、家の中を片付けるのは、嫌いなほうではありません。家の中がキレイに片付いていると、心も平和でいられますしね。

「早紀のところは、家の中がピッカピカだよね」

親友はそう言ってくれますが、それはちょっと言い過ぎではないかしら。

私一人なら徹底的に片付けますが、家族がいると、人数分だけ汚れるし、散らかるし。ストイックになり過ぎると精神衛生上よくないから、目をつぶる部分はつぶります。

というわけで、我が家は「ピッカピカ」ではなく「ピッ」くらいでしょうかね（笑）。

ネットショッピング派

コロナ禍の外出自粛で、インターネットで買い物をする人が急増したと言われていますが、私はもうずっと前からネットショッピング派。洋服や日用品、食材まで、それこそなんでもネットで買っています。

ネットショップには、今や、ありとあらゆるものが揃っていますし、こっちの都合で、いつでも、どこででも注文できるから、時間に追われていて、しかも、職業柄、不規則な生活を余儀なくされている身には、実にありがたい。

「あ、これ買わなきゃ。あ～、でも、お店が開いている時間に行けない～」

そんなストレスから解放されます。ネットショッピングは、本当に便利です！

ただ、ネットショッピングは、実物を実際に目で見て、触って確かめることができないのが最大の難点。特に、洋服なんかはそうですよね。質感やシルエットといった微妙なディテール、サイズの問題などがありますから、品物が届いてみると「え〜、ちょっと違うんですけど」ということが起こりがちです。

そんなリスクに備えるには、何はともあれ、自分のサイズをちゃんと把握しておくことは大前提。「このブランドなら、このサイズ」、もっと言えば、「このブランドでも、トップスならこのサイズだけど、ボトムスならワンサイズ上」などと、細かく知っておくと、サイズ的な失敗はまずないと思うのですが、洋服の場合、サイズ以外の問題もありますから……。

ということで、私は、自分の洋服はもちろん、娘の洋服も、普通にネットで購入しますが、購入前に、返品・交換が可能かどうかを確認するようにしています。

それから、気を付けたいのは、海外のショップから買う場合。「安く買えてラッキー！」なんて浮かれていたら、関税がかかって「トホホ」になることも……。私自身、５０００

円くらいの関税を払わなくてはならなくなり、結局、国内で買うより高くついてしまって、ガックリきたことがあります。

でも、まぁ、何事もそうですが、失敗を重ねて、人は賢くなっていくものです。

食材は、基本的に、一週間に一回、某食品宅配の会社から取り寄せているのですが、最初は、「えっ、この値段で、たったこれっぽっち?」「んー、質的にいまひとつ」というようなことが、ちょいちょいありました。でも、キャリアを積んだ今では、そこの会社で「買っていい野菜・果物」と「買ってはいけない野菜・果物」をちゃんと把握しています!

そして、「買ってはいけない野菜・果物」が欲しいときは、スーパーに行って、自分の目で見て、確かめてから買う。ネットとリアルの併用、いわゆる「お店でも、ネットでも」というやつですね。

なんでもネットで買える世の中。本当に便利になったものですが、私の場合、ネットショッピングがこんなに普及していちばん助かっているのは、日用品をリアル店舗で買わなくて済むことかもしれません。

うちでは、各種の洗剤、ティッシュ、トイレットペーパー、マスク（職業柄、コロナ禍以前でも必需品）、ペット用シーツ、ドッグフードといった日用品をはじめ、ミネラルウォーター、牛乳、ジュースなど、常に冷蔵庫に入っていてほしいものや、グラノーラやレトルトカレーなど、私が留守をしていて食事の用意ができなくても、家族が小腹を満たせる食品などを、大手ネットショップの定期便で、ある程度まとめ買いをしています。

これを利用するようになってから、何がうれしいかって、重いものやかさばるものを持ち歩かなくてよくなったこと。これでも一応女優ですから、トイレットペーパーを持って商店街を歩くのも、ね……。それに、「洗濯をしようと思ったのに、洗剤が切れてた〜」ということもありません。定期便のおかげで、常にストックがある状態ですから。

この定期便のチカラは、コロナ禍でも発揮されました。

最初の緊急事態宣言が発令されたとき、スーパーやドラッグストアの棚からマスクやトイレットペーパーが消えて、世の中は大騒ぎになりましたが、うちの家族は、これらを求めて奔走しないで済んだのです。

ホントに我が家はネットで快適生活！

年齢と私とファッションと

ファッションに関しては、昔から、意外と派手なものが好きだったりします。でも、私服で派手なものを纏《まと》うと、職業柄、人目についてしまう場合も。そうすると何かと面倒なので（笑）、黒など目立たない色を選んで、〝一見地味〟な格好をすることが多いかな。

この〝一見地味〟が私のこだわり。たとえば、黒いコートは買うけど、オーソドックスなデザインは選ばない。ちょっと〝遊び〟が入っているというか、デザイン性が高いというか。「その服、よく見ると派手なんだね」と言われる。そんなアイテムを選びます。

このブランドの洋服しか着ないとか、そういったこだわりはありません。「着心地がいいもの」をベースに、そのときどきで、自分が着たいものを選んできたように思います。

ただ、それだけに、気を付けないと、ジャージみたいな服を着がちになって……。仕事柄、撮影現場に行くと私服から衣装に着替えますよね。車でスタジオ入りして衣装に着替え、撮影を終えて、今度は私服に着替えて車で帰る。そんなことを思うと、「どうせすぐ着替えるから」と、ラクなジャージに気持ちが傾いてしまう。超多忙なときは、とくにそうなりがちですが、「いけない、いけない」と自分を戒《いまし》めるようにしています。

ファッションで年齢を意識するかというと……。たまには、それなりに考える（笑）。デニムにTシャツという格好が昔から大好きです。でも、さすがに、この年齢になって、「そんなんでいいの？」と思うようにはなってきました。

でも、やっぱり好きだし。ならばせめて、Tシャツは高級なものにしてみようかしらとも考えますが、それだと、もったいなくてふだん使いができそうにないし、ガシガシ洗うわけにもいかなさそうだし。うーん……。

あれこれ考えても結論は出ません……。これから先も、当分の間は、普通のTシャツにデニムという格好を続けそうです（笑）。

捨てる？ 捨てないの葛藤

何年かに一度、クローゼットの中を大々的に片付けます。

私のクローゼットはウォークイン。中央にシャツやセーターなどをたたんで並べられるオープンの棚が、それを囲むような形でコートやワンピースなどを掛けられるハンガーポールが取り付けられていて、キレイに整えておけば、持っている洋服が一目瞭然のつくりになっています。

とはいうものの、仕事が忙しくなったりして心に余裕がなくなってくると、せっかくキレイに整えている洋服収納も、だんだん乱れはじめます。この乱れは、時間に余裕ができたときに、ちょこちょこ整えるのですが、月日が経つと、その程度では追いつかなくなってきます。洋服の数が増えていたりするので、不要なものを処分するなど、大々的な片付けが必要になってくるというわけです。

大々的な片付け、いわゆる断捨離ですが、言うが易し、行なうが難し。私は片付けが嫌いなほうではないと書きましたが、洋服の処分となると……。

ファッションが好きか嫌いか問われたら、迷わず「好き」と答えるくらいで、洋服も靴もたくさん持っているほうだと思います。若い頃は、洋服を買い漁《あさ》っていた時期もありました。さすがに、もう、そこまでの買い方はしなくなりましたが、やっぱり油断すると、確実に洋服の数は増えてしまいます。

たまに、ふだんは買わないような〝冒険服〟を買ったりもして、でも、結局は、クローゼットの肥しになってしまう……。

でも、それはそれで、自分の中でおもしろがることができるんです。クローゼットの中に入って、その洋服を目にするたびに、「なんでこんなの買っちゃったんだろう」とか「これ、いつ着るんだろうなぁ」などと、思いを馳せるだけでも、楽しい。

よく〝片付けの鉄則〟で「○年袖を通さなかった洋服は、今後も着ることはないから、思い切って処分しましょう」と言われたりしますよね。

でも、それってどうなんでしょう⁉

だって、私は、大して欲しくもないのに洋服を買ったりはしないのです。「欲しい！」と思って買ったものだから、着ていなくても愛着はあるし、着ていないからこそ、もったいなくて手放せない……。それに「こんなのあったんだ。ちょっと着てみちゃえ」と、何年も袖を通していない洋服を、思い立って着てみるという冒険をたまにしたりもする。

ね、だから、洋服は簡単に処分することなどできないのです……。


私にとって、断捨離は断腸の思い。

捨てるのは忍びないから、最初に、誰かにあげることを考えます。でも、かなり昔に買ったものだと、人にあげるのも失礼かなと思うわけですよ。

（じゃあ、捨てるしかないじゃない）

（でも……。これ、すっごく高かったんだよ）

（じゃあどうするの⁉）

自分の中で葛藤が始まると、断捨離の作業はちっとも前に進みません……。

えーい、もういいや！

思考を停止させ、何年も着ていない洋服を片っ端からゴミ袋に入れていきます。そして、満杯になった袋の口を結び、「あとはこれをゴミの日に出すだけ」と、いったんは覚悟を決めます。でも、すぐに、「ちょっと待って」と、もう一人の私が耳元でささやき、ゴミ袋の口をほどかせ、中の洋服を取り出させるのです……。

こうやって葛藤を繰り返し、断腸の思いで断捨離を遂行するたび、固く心に誓います。

「もう高いものを買うのはやめよう」「これからは一枚買ったら一枚捨てよう」と。

しかし、本当に誓いを守ることができるのでしょうか!?　アヤシイなぁ。

「ちょいちょい手抜き」の活用術

長男と次男の育児に追われていた頃の自分の写真を見ると、「ちょっと、それはないんじゃない？」と自分でも呆《あき》れるような出で立《いた》ちをしています。

すっぴんで、トレーナーにデニムにスニーカーというおしゃれっ気のない装い。若々しいと言えばそうなのですが、まぁ、肩の力が抜けているというか、手を抜いているというか……。あの時代を否定しているわけではないんです。むしろ、「いい感じでやっていたんじゃない？」と。

子育てもして、家事もやって、おしゃれもして――と、全部に完璧を目指していたら、ストレスがたまってやっていられなくなるのではないかしら。そのイライラを子どもにぶつけたりして、全部が悪循環になってしまわないかしら。

そんなことになるくらいなら、自分がいっぱいいっぱいにならないよう、ちょいちょい手抜きをしていいと思うんですよね。

私のあの出で立ちは、おしゃれの手抜きの最たるものでしょう。

今でも、家のことに関しては、「手抜きに見えない手抜きの方法」をいつも探して、ちょいちょい手抜きをしています。特に食事の手抜きが多いかな。

たとえば、娘が学校に持っていくお弁当。ちょっとずつ品数豊富なお弁当にしてあげたいけれど、ひとつひとつを一から手作りしていたら大変です。

そこで私が頼っているのが、こだわりの食材を宅配してくれる会社の「お弁当キット」。冷凍食品のおかずが3、4種類入っているものですが、これをお弁当箱に並べて、足りない野菜をちょっとプラスしたりします。これで、いかにも「手作りしました」の素敵なお弁当のでき上がり！

コロナ禍になってから、夕食は家で食べることがほとんどになりました。以前なら、忙しくてごはんをつくる時間がないときは、家族で外食をしたりもしていましたが、なかなかそうもいかなくなって……。

家で夕食をとるときは、基本、私がつくります。でも、何品もつくる時間がないときには、1品か2品だけつくり、あとは、サラダなど買ってきたお惣菜を食卓に並べたり。

「手抜きに見えない手抜き」ではなく、「思い切り手抜き」ですが、デリバリーを利用することもありますよ。

たとえば、たまにはジャンクフードが食べたくなることもありますし、「今日はムービーナイトしよっか？」といって、ピザを取るんです。

ピザを頬張りながら家族みんなで映画を観るなんて、なんだかアメリカのホームドラマに出てきそうで楽しげでしょう？　子どもが喜ぶんです。でも、結局、映画は観ないでピザだけ食べて終わりなんですけどね(笑)。

最近では、デリバリーでおいしい唐揚げ専門店を見つけました。「ねぎ香味だれ油淋鶏《ユーリンチー》唐揚げ」というのを頼んでみたのですが、本当においしかったの。思い切り手抜きだけど、たまにはいいかな、って。この唐揚げ屋さんを発見したみたいに、新しいお店に出会うのも楽しみですし。

「手抜き」と言えば、「やらない」という選択もありだと思う。

料理、洗濯、掃除……。やらなくてはならないことがたくさんあったとして、でも、全部をやってのけるには時間が足りないかも、と思ったら、私ははなからあきらめます。

やるべきことの優先順位を考えてみて、たとえば、「今日は掃除はいっかな」、「今日絶対に洗濯しなくても死にはしない」などと、優先順位が低いことに見切りをつけるのです。

あまり大きな声では言えないのですが、本当にたまーにですが、メイクを落とさず寝てしまうこともありますよ。メイクを落とさず寝てしまって「うわあぁ、どうしよう……」などとストレスになる人は、絶対にやってはいけないことですが。

もちろん肌のことを考えるとメイクは落としたほうがいいに決まってる。でも、メイクを落として洗顔するわずかな時間でさえ、睡眠に費やしたいと思うときがあるんです。これもまた、優先順位ってことですよね。

体型維持、その秘訣とは!?

職業柄ということもありますが、私自身が個人的に「ちょっとやせ気味」の体型が好きということもあって、今の体型を維持するように心がけています。

体型維持と言えば、わかりやすい目安は体重ですが、もう10年以上、ほぼ毎日体重計に乗っています。そして、ちょっと増えていたりすると「あらら、食事を減らさなきゃ」とか、そんなことを続けているのです。

早め、早めに手を打てば、「気が付いたらすごく太ってしまっていて、元に戻すのが大変」ということもない。やはり、日々の管理が大切だということでしょう。

とはいえ、ものすごくストイックに食事管理をしているわけではないんです。

お正月前、娘が通うバレエ教室から連絡事項が届いたことがあります。そこには、体型管理として、おせち料理の中で食べさせていいものと悪いものがこと細かに書かれていました。それによると、なますや黒豆は、お砂糖がたっぷり使われているからダメらしい。

驚きました。だって、なますにしても黒豆にしても、モリモリ食べたら、そりゃあ太るでしょうよ。だけど、なますも黒豆も、そんなにたくさん食べるものではないじゃない?

何が言いたいかというと、「私はそこまでストイックなことはしませんよ」ということ。ふだんから、炭水化物を控えめにして野菜を中心に食べることを心がけているくらいです。

それから、注意しているのは、子どもの残りもの。どこのお母さんもそうだと思うけど、子どもが残したものを「もったいない」と言って、ついでに食べたりしがちでしょ?

私もたまにはやりますが、毎回、それをやっていると、さすがに太りそうなので、子どもが残すことを想定して、最初から自分の分を用意しなかったりするんです。でも、ときに「あれ、全部食べちゃったの!?」という想定外のことがあったりもしますが。

食事で気を付けていることといえば、それくらいでしょうか。

実は、何も考えずに好きなだけ食べていて、今よりかなりぽっちゃりしている時代もありました。だけど、年を重ねるにつれて、暴飲暴食をしなくなった、というより、できなくなった。このことも、体型維持にはかなりプラスに働いていると思います。

「太るからあれはダメ」「体に悪そうだから、これは食べない」といった制限はしていません。炭水化物を控えめにしているとはいえ、一切食べないわけではないし、揚げものだって、甘いものだって口にします。ときにはカップラーメンやファストフードのハンバーガーといったジャンクフードも食べるし、夜、仕事が終わってからマネージャーと一緒にラーメンを食べに行くこともあります。

ただ、「食べちゃいけないもの」はつくってはいないけれど、いかにも太りそうなものや体に悪そうなものを、しょっちゅう食べているわけではないことは確か。たまには外食もしますが、一か月で4食が限界。外での食事はあまり好きではないので、基本的には、家で自分でつくったごはんを食べることになる。自分ではそんなに変なものはつくらないから、それも功を奏しているんじゃないのかなぁ。

それから、基本、なんでも食べるけれど、そればかりたくさん食べるようなことはないし、たとえば、甘いものにしても、スナック菓子にしても、ダラダラ、ダラダラ食べ続けたりもしない。それも大きいかもしれません。

よく、映画やドラマなどで、ソファに寝転がってテレビを見ながら、ポリポリポリポリお菓子を食べるシーンがあるけど、私にはまったく理解不能。「ソファに寝転がって、お菓子を食べ続ける？　何、それ!?」という感じでして。

ダラダラするのが嫌いというか、性格上、そうすることができないみたいで、ソファに寝転ぶどころか、家の中ではソファに座ることさえほとんどなくて、腰掛けるのは、もっぱらキッチンのスツールです。おやつを食べるにしても、ここで、ささっと食べておやつタイムを終わらせちゃう。せっかちなのかなぁ。でも、こういうライフスタイルや性格も、体型維持に役立っている気はします。

運動は、特にジムに通ったりはしていませんが、大型犬二頭の毎日の散歩が、エクササイズ代わり。一日3時間近くも、両手にそれぞれ30kg近くの負荷をかけて歩くんです。これはもう立派な「運動」ではないかと。

いつもだいたい平和な私のメンタル

年を重ねるにつれ、美容や健康により気を付けるようになってきました。ちゃんと自分をいたわってあげないと、どんどん老化が進んでいきそうで。

体にいいものを食べるとか、上質のコスメで肌にたっぷり栄養をあげるとか。もちろん、そういったことも大事ですが、それと同じくらい大切なのは、メンタルを平和に保つことではないかと思います。

もともと肌が丈夫なほうで、肌荒れをすることはほとんどありません。でも、そんな私でも、まれ〜に顔にプチっと吹き出物ができることがあります。それは決まって悩み事があるときです。悩むこともほとんどないのですが、吹き出物ができると、「ああ、私、今よっぽど悩んでるんだな」と自覚するほどでして。

それくらい、心の状態は表に出るということなんですね。

だから、できるだけストレスをため込まないようにしています。

ストレスは、大概、人との交流から生まれますよね。だから、なるべく自分が心地よくいられる人と一緒に過ごすようにします。極力、自分にとって不快な人は近づけない。要するに私は、苦手な人と無理をしてお付き合いをしようとは思わない。というより、できない……。広く浅く人と交わるのも苦手でして……。だから友達が少ないです（笑）。

そうは言っても、仕事などでは、苦手な人とどうしても一緒に過ごさなければならないときがあります。そんなときは、仕事が終わってから、同世代の女性がやっている行きつけのバーに一人で寄って、弾丸のごとく、うわーっとしゃべって、毒を抜いてから家に帰るようにしてみたり（コロナ禍前のことですけどね）。

そうなんです。しゃべることは、ストレス発散にはとても効果的な方法です。そして、笑うことも。ふだんからも、よくしゃべって、よく笑うようにしているから、メンタルは、いつもだいたい平和です。

オンとオフの切り替えスイッチ

これについてたずねられることは多いです。

でも、「オンとオフの切り替えスイッチ」なんてありません。

いえ、もしかしたらあるのかもしれないけれど、「今から仕事だからスイッチをオンにしよう」「さあ、終わった。オフにしよう」などと自分で意識はしていない。仕事の場に行けばスイッチはオンに、家に帰ればオフに、自然に切り替わる。ことさらがんばらなくても、オンとオフの切り替えは上手にできているんじゃないのかな。

早くに結婚して子どもを持ったことも大きいかもしれないです。

子どもがいなかったら、スイッチをずっとオンにして「女優・高岡早紀」のまま、家に帰っていたかもしれません。きっとそうに違いない。仕事場での釈然としない思いなども、思い切り持ち帰って、ああでもない、こうでもないと、いろいろ考えていたでしょうね。「ちくしょー」などとつぶやきながら（笑）。

だけど、実際は、仕事が終われば、スイッチは勝手にオフに切り替わります。それは、子どもは「女優の私」を必要としているのではなくて、「母親としての私」を必要としているから。自分でそれがよくわかっているから。

複雑な心境も、もちろん、家には持ち帰りません。持ち帰ったところで、そのネガティブな思いを解消する時間がない。そのまま子どもたちと接していると、母親としておかしなことになると思うから。だから、もし仕事の場で「ちくしょー」な感情に襲われたら、できるだけ早めに昇華させるよう努めます。たとえば、相手がいることなら、自分の思いをぶつけて率直に話し合うとか。

若いうちに子どもを産んで、周囲から心配されたりもしましたが、子どもが生まれてからのほうが、オンとオフの切り替えがうまくできるようになって、その分、仕事が快適にできるようになったのは、確かなことです。

「妻」と「母」のバランスについて考えてみた

と言っても、私は今、「母」ではあるけれど、「妻」ではないので、もし現役の妻の方がお読みになっていたら、「わかりもしないのに、わかったようなこと言っちゃってさ」と流してください（笑）。

女性は、結婚すれば妻に、子どもが生まれれば母になります。母になっても、夫がいる限り、妻であることに変わりはなく、だとしたら、妻の役割はちゃんと果たすべきだと思います。……というのは、あくまで理想論で。

ダンナさんは奥さんにかまってほしいでしょうし、いろいろと面倒を見てもらいたいでしょう。その気持ちはわかる。よくわかるんだけど、子どもは、小さいうちは何から何まで誰かが世話をしてあげなければ生きてはいけません。ダンナさんは大人なんだから、奥さんに放っておかれても生きていけるでしょう？　奥さんが子どもにかかりっきりになってしまうのは、ある程度は仕方がないことだと思うわけでして。

と、自分が妻だった頃のことを振り返っているのですが、未熟だったと思います。夫のことを放ったらかしにしていたわけでは決してないけれど、どちらの比重が大きいかというと、言わずもがな。子どもたちに割いている時間のほうがはるかに多かった……。

でも、その状態が永遠に続くわけではないから、彼もわかってくれていると勝手に期待していたけれど、それは私の思い上がりでした。もっとちゃんと話をするべきだったし、妻としての努力も足りなかったと思います。多分、妻としての役割を疎《おろそ》かにしていたんだろうなぁ。結局、「妻」と「母」とのバランスがぜんぜん取れていなかった……。

そう思うと、今でも、彼に対して「ごめんなさいね」という思いはあります。申し訳なかったと反省もします。でも、離婚したことに後悔はないですけどね。

もし次に誰かと結婚することがあったとしたら、子どもたちも成長していることですし、「妻」と「母」のバランスが非常に取れた人でいられると思うんだけどなぁ（笑）。

〃特別〃扱い

昔、同世代の、ある有名な女優さんと、たまたま海外で一緒になることがありました。食事をともにしたりしていたのですが、見ていると、彼女はストレスフルな状態。レストランでメニューを読むことさえ面倒そうで、「あぁ〜、もう早く帰りたいっ!!」と終始不機嫌な顔をしていました。

彼女をそうさせていたのは、〝周囲の人が誰も自分を知らない〟という環境でした。日本なら、みんなが彼女を知っていて、どこに行っても彼女は〝特別〟扱い。レストランに行けば、いい席に案内されて、特別なメニューが供されたりすることも珍しくない。そんな環境に慣れ切ってしまうと、誰も自分のことを知らない海外のレストランで、一般の人と同じサービスしか受けられないことは不愉快極まりない、ということなのでしょう。

芸能界（に限ったことではないかもしれませんが）には、大きく分けてふたつのタイプがいると思います。ひとつは、彼女のように特別扱いされることがうれしいタイプ。そしてもうひとつは、特別扱いされると鬱陶しいと思ってしまうタイプ。

私は後者です。確かに、思いも寄らないサービスを受けられたりすると、ありがたいなぁと思います。でも……。人からずーっと見られているんですよ。たとえば、レストランなら、ごはんの間中、気が抜けないし、特別扱いされようものなら、お店側に何か不備があっても、クレームも付けられないんですよ。嫌じゃないですか？　と言いつつ、気心が知れた店ではズバズバ言いますが（笑）。

どっちにしても、私は、件《くだん》の女優さんと真逆で、海外などで特別扱いから解放されると、心底ホッとしてうれしくなっちゃいます。自分のことを誰も知らないから、色眼鏡で見られることもありません。一般の人に溶け込んで伸び伸びと過ごすひとときは、私にとっては、ものすごく貴重な自由な時間。早くコロナが収束して、旅行できる日が戻ってくることを祈るばかりです。

天狗になりそうな鼻をへし折る息子くん

「みーんなママのこと、好きだもんね」

あるとき、子どもたちと話をしていて、「あなたたちは私のことを好きだよね？」という意味で、こう言うと、長男が真面目な顔で諭すように言いました。

「ママ、そんなことないよ。世の中、ママのことが好きな人ばっかじゃないんだよ」

いやいや、私は決してそんなつもりではなく、家族の中の話として言ったまでで……。

でも、たとえ勘違いであったとしても、こんなふうに私を戒めてくれる人がすぐそばにいることは、本当にありがたい。天狗になりそうな鼻をいつでもへし折ってくれるに違いない。そんな安心感があります。

子どもたちの存在そのものはもちろんですが、子どもを持ったことで接点が生まれた人たち――ママ友や学校の先生など――との付き合いもまた、私にとっては貴重なものです。

子どもを通わせたインターナショナルスクールのPTAの方々は、基本、外国の人たちですから、日本の芸能界に疎《うと》い方が大半。つまり、女優としての私をご存知ないので、先入観なく、一人の母親としてフラットに見てくださる……。私が、特別扱いされることを当たり前とは思わず、むしろ、放っておいてもらうほうがラクだなぁと感じるのは、こうした方々とお付き合いをしていることも大きいのではないかと思います。

芸能界に入ってから、もうすぐ35年。どっぷり〝芸能人の感覚〟に浸って、〝普通の感覚〟が麻痺してもおかしくない歳月を芸能界で過ごしたことになります。でも、そのうちの23年間は、子どもたちや、それを取り巻く人たちによって、〝芸能人の感覚〟がスタンダードではないことを、折りに触れて痛感させられる環境が保たれているのです。ですから、まぁ、バランスが取れているのではないかと、自分では思っています。

もし子どもを持たなかったら、今頃、高岡早紀はどうなっていたことやら。子どもは、本当に大きな存在です！

過去の一人旅と未来の女子旅

仕事を離れて、誰も私のことを知らない街に行って、誰にも邪魔されずに穏やかな時間を過ごす――。旅は一服の清涼剤。これまでも、そしてこれからも、私の生活には欠かせないイベントです。

と言うと、「一人旅するの？」と思う方もいらっしゃるかもしれませんが、私、一人は嫌いです。仕事だと仕方なく地方に一人で行くことはあるけれど、つまらないったらありゃしない。「旅をするなら一人旅に限る」などと豪語する人がたまにいるけれど、私は「一人で行って何が楽しいんだろうか」と思ってしまいます。

しかし、そんな私でも、過去に海外への一人旅を三度ほどしています。

一度目は、高校を卒業したタイミングでロンドンへ。

その当時、仕事は順調そのものでした。でも、自分の意思とは関係ないところで、次々と仕事が入ってきて、「やらされている」という感じがして、自分が「流されている」という思いもあって、そんな状況をいったんリセットしたかった。そこで、高校を卒業したタイミングで当時所属していた事務所をやめて、単身ロンドンへ行って3か月を過ごしました。

アパートを借りて、語学学校とバレエのレッスンに通っていたから、旅というより〝遊学〟かな。どっちにしても、リフレッシュはできましたが、基本、一人は嫌いなので、「すっごく楽しかった」とは言えません。

でも、その一人旅は、デビューしてから3年間、流されるがごとく怒濤《どとう》のように仕事をしてきた私が〝自分を探す〟ために、どうしても必要なものだったのです。

二度目の一人旅は、離婚直後にニューヨークへ。

さっぱり別れたつもりですが、離婚の直後は、「全然平気です」と笑顔で言えるほど割り切れてはいなくて、やはり、心の中にはさまざまな感情が渦巻いていました。

そんな気持ちを整理し、これから一人で子どもたちを育てていく覚悟を強固たるものにする……。日常を切り離し、いったん一人になって、そうした作業をする時間が、私にはどうしても必要だったのです。

もちろん、大事な子どもたちを置いて、一か月近くも外国に行くなんて、私だって、できればしたくなかったけれど……。子どもたちに対しては「ごめんね」の気持ちでいっぱいでしたが、母に頼み込んで、自分のわがままを通させてもらいました。

そして、三度目の一人旅は、娘を産んだあと、やはりニューヨークへ。

このときも、離婚直後と同じように、自分の気持ちを整理するのが目的でした。娘の父親とは、結婚するつもりでしたが、結局、私は彼と結婚しないという道を選びました。そんな事情もあったので、一度一人になって俯瞰で自分自身を見てみたかったのです。

環境を変えて、自分を見つめ直すために、私は、人生のポイント、ポイントで一人旅をしてきたことになります。

ということは、これからも、何かあれば私はまた一人で旅をするのだろうか？　と考えてみましたが……。ない、絶対にないな。

これからは、旅をするなら娘と一緒に行こうと思います。

数年前から二人でちょくちょく旅行をしているのですが、息子たちと行くのとも違う。家族旅行とも違う。まだまだ子どもなのに、娘と二人で旅をすると、まさに〝女子旅〟な感じで、すっごく楽しいの！

これから先が本当に楽しみです。

海外のリゾートでは、お子ちゃま禁止のところも少なくありません。「子どもは14歳以上じゃないとダメよ」というところが多いんです。娘は今10歳だから、あと少し。もうちょっと経ったら、娘と二人、ラグジュアリーなリゾートで〝何もしないという贅沢〟を存分に味わってやる～。そのときを、今か今かと待ちわびています。

女子旅ってなんて楽しいのかしら！

火事場のバカぢから

中学・高校での授業はさておき、私が初めて自分の意思で英語を学ぼうとしたのは、かれこれ30年近く前のことです。自分をいったんリセットするため、高校卒業と同時にロンドンへ渡って英語学校に通ったのが、本格的に英語に触れた最初でした。

彼《か》の地で通った語学学校では、英語力のレベルによってクラス分けがされていて、当然のごとく、私はいちばん下のクラス。日本人の私をはじめ、英語が第一言語ではない国や地域からやって来たばかりの生徒たちが集まったクラスですから、みんな、英語はほとんどしゃべれない。そんな仲間たちとごはんを食べに行っても、会話が弾まなくて、というより、会話がほとんどなくて、ぜんぜん楽しくなかったことを覚えています。

ロンドンには3か月滞在しましたが、まさかこの短い期間で英語がペラペラしゃべれるようになるわけはなく、英語に耳が慣れた程度で帰国することになりました。

英語との付き合いという意味での転機は、ある映画への出演が決まったことでした。ロンドンから帰って芸能活動を再開し、何年か過ぎたときに、全編英語の作品（村上龍監督の、あの作品です）に主演させていただくことになり、その準備として、英会話のプライベートレッスンに通うことになったのです。

セリフを英語で話さなくてはならないということで、集中してレッスンを行なう必要に迫られ、あのときは、結構な時間を英会話のレッスンに費やしました。そのおかげで、まあまあしゃべることができるようになりました。

その後、結婚して子どもを産んで、息子たちをインターナショナルスクールに入れたせいで、英語はグンと身近な存在になりました。学校とのやり取りもすべて英語でしたから、当時は、それに困らない程度の読解力と会話力は身についていたように思います。

ただ、もちろん、ネイティブのようにはいきません。日本語なら、頭で考える前にスラスラ口から言葉が出てきますが、英語の場合、「えっと、えっと……。なんだっけ!?」と、しゃべっている間中、頭はフル回転状態。ときには言葉に詰まったりすることもあるわけです。

ところが……。クリスマスだったか大晦日《おおみそか》に、息子の友達が男女何人かで家に遊びに来たことがありました。若者たちはわいわい楽しそうにやっていたのですが、ふと気が付くと、そのうちの一人、女の子が靴を履いているではありませんか。我が家のリビングで!!

彼女はまったく日本語をしゃべれないようでした。私は英語で、すぐに靴を脱ぐよう彼女に言ったのですが、みんなが「ああだ、こうだ」と彼女の味方をしました。

彼女は日本の習慣を知らないんだから、この靴は外から履いて来たわけじゃないんだから、買ったばかりの靴を今履いたんだから――、だから、「大目に見てやってもいいんじゃない?」とかなんとか。

「だからね、あのね――」

私が一生懸命しゃべろうとしているのに、若者たちはお祭り気分で浮かれているものだから、こっちの話を聞きやしないで、てんでんばらばらに自分たちの主張を口にする……。

「うるさい〜っ!!」

怒り心頭に達した私は、彼らに向かってまくしたてました。

「靴が新しいとか新しくないとか、そういう問題じゃない！　あなたの国ではどうだか知らないけど、ここは日本です！　日本では家の中で靴を履くなんて言語道断。しかも人の家で。失礼千万。早く靴を脱ぎなさいっ！」

口から英語が出てくる、出てくる……。「私って、こんなに英語をしゃべることができたんだ」と、自分でも驚きましたし、若者たちも目がテン。長男からは、「あのときのママ、本当にすごかったよね」といまだに言われ続けています。

怒ると流暢《りゅうちょう》に英語を操ることができる。なんだか不思議な気もしますが、こういうのを「火事場のバカぢから」というのでしょうかね。

英語は、いざとなったらある程度はしゃべることができるので、日常的に英語を使って訓練をしていれば、もうちょっと上達するのになぁ、などと思っています。前は、気が向いたときに、たまーに英会話教室に通ったりもしていましたが、ここ何年かはさっぱり。時間がないこともあって、なかなか重い腰をあげることができないでいます。

脳はどんどん退化してきます。マズいぞ。わかってはいるんですけど……。

「可能性に賭けろ」とママは言う

長男がアメリカの高校に留学するときのことです。ギリギリまで彼は、行く、行かないで迷っていて、行かないほうに傾いていたのに、入学式の一週間前になって「やっぱり行く！」と言い出しました。すぐに数日後の飛行機のチケットを押さえましたが、問題はビザ。出発までにわずかしかありませんでしたから、とにかく、在日アメリカ大使館に申請して超特急で学生ビザを発給してもらわなくてはならなかったのです。

「早く大使館に行って手続きをしないと！」

私は長男を急《せ》かしました。

「もう間に合わないかもしれない……」

「わからないでしょ。可能性はあるんだから、やってみないと」

「でも……。やっぱり無理かもしれない」

息子はムニュムニュムニュムニュ言うだけで、行動に移そうとしない。

「もういい！　ママが行ってくる」

私は自らアメリカ大使館に足を運んで事情を話し、なんとか出発に間に合うようにビザを発給してもらえないだろうかと頼み込みました。「火事場のバカぢから」じゃないけれど、このときも、私の口からは、下手くそながら弾丸のように英語が出てきたのでした……。

おかげさまで、ビザは飛行機に間に合うように発給されました。

「ほーら、ごらん」と私がドヤ顔になったことは、言うまでもありません。

少しでも可能性があるのなら、ぐずぐず迷わず、その可能性に賭けてすぐに行動する――。

これは私のポリシーであり、子どもたちにも、常々言い聞かせていることです。

実際、私は、仕事でもなんでも、わずかな可能性が残されているとしたら、少しでもよくなる可能性があるとしたら、悩む前に即行動。ダメ元で相手に思いを伝えたり、交渉したりするように心がけています。

着眼点の転換

離婚したとき、私は、子どもたちが「今日も楽しかった！」と思える毎日を過ごせますように、と切に願いました。また、そんな日常をどれだけ増やしてあげられるかは、自分にかかっているとも思っていました。

だからこそ、一生懸命に働きましたし、自分自身の気持ちをアゲていこうと心がけもしました。私が「つまらない」と思っていたら、彼らをハッピーにしてあげられない。彼らがハッピーで楽しい毎日を過ごすには、自分自身が日々を楽しむことだと思ったのです。

それから今日まで、私は毎日を楽しんでいます。

とはいえ、1年365日、連日、楽しいことが目白押しというわけでもないんです。そんなに愉快なことだけで日々が過ぎていくはずはないではありませんか!!

嫌だなぁ、つまらないなぁ、憂鬱だなぁ……。

こんなふうに思えることも、もちろん、あります。そのことだけに目を向ければ、「あぁ、今日もつまらない一日だった。やれやれ……」となってしまいます。

でもね、よーく考えたら、一日のうちにはいろいろな出来事が起きるわけで、嫌なこと、つまらないこと、憂鬱なことの合間、合間に、ちょっと好きなこと、楽しいこと、うれしいことなど、ささやかな幸せがひとつやふたつは絶対にあるはずなんです。

私は、そっちに目を向けるようにしています。

たまたま見つけて入ったパン屋さんのパンがびっくりするくらいおいしかった、前から欲しかった洋服をネットで安くゲットできた、久しぶりに友達と電話で話したらいつになく話が弾んだ……。一日を振り返ってみると、ささやかな幸せが意外にあったりして、嫌なことが相殺されてチャラになったりするんです。

そして、結果的に、「あー、今日も楽しかった!」となる。これ、本当ですよ。着眼点を転換するクセをつけちゃうと、ホント、毎日が楽しくなりますって。

ゴシップと私と家族と友達と

芸能界に入って約35年、この間には、いろいろなことを週刊誌などに書かれてきました。相手が男性であろうが女性であろうが、誰かと食事に行って、週刊誌に撮られなかったことがない……。記事の内容は、すべてが偽りとは言わないまでも、中には、「えっ、誰のことですか⁉」と、当の本人である私が思ってしまうようなものもあったりして……。

まったく気にならない、ぜんぜん傷つかない、と言えば嘘になってしまいます。

でも、「それは違うんです。本当のところは――」と、いちいち反論すれば自分の気が済むのかというと、それも違う気がしています。私がどう反論しても、人の口を塞ぐことはできません。だったら、言いたい人には言わせておく。それが最善の方法なのかな、と。

それに、すごく傲慢に聞こえるかもしれないけれど、私の土俵は、そこではない。

女優にとって、私生活のゴシップは、躍起になってかき消したり、ムキになって反論したりすべきことではないと思うんです。もちろん、演技を叩かれたりしたら、それはもう本気で闘わなくちゃならないし、その覚悟もありますが。

子どももある程度成長すれば、嫌でも母親のゴシップを耳にするでしょう。だから、息子たちが大きくなってからは、何度も話してきました。

「ママがいろいろ書かれたりすれば、あなたたちもいい気はしないと思う。だけど、このママの子どもに生まれたあなたたちの運命だから、背負って生きていくしかないの」

息子たちは解《げ》せない顔をしていたときもあります。でも、今、家族がとても仲良しであることを思えば、彼らは「運命」を受け入れてくれたに違いない。と、母は信じています。

世間にどんなゴシップが流れようと、「真実はこう」と、自分自身がわかっていれば、それでいい。そして、そんな私を信じて、近くで見守ってくれる少数の人――家族や友達――がいれば十分。また、そういう存在があるからこそ、ゴシップが流れても、「ま、いっか」と思える自分がいたりするのです。

我が人生に悔いはなし!?

生きていれば、当たり前ですが、いろいろなことがあります。

そのすべてが「自分にとって必要なことだった」というふうにとらえています。

たくさんの習い事をしてきたことは前に触れました。何ひとつとして、「やらなきゃ良かった」と思うことはないとも書きましたが、このことは、習い事に限ったことではありません。結婚も出産も離婚も、その後の出会いと別れも……。私の身に起こったすべてのことが、必要なことだったと思っているのです。

もちろん、しくじったことはたくさんありますよ。でも、「失敗しちゃったなぁ〜」と思ったら、そのときになんらかの形で解決しているから、引きずることはないんです。だから、あとから振り返れば、その失敗はチリみたいなもの。「あっ、やっちゃった」くらいの、ちっちゃくて、取るに足りないものなのです。

間違った方向に行ってしまって、回り道をしたことも数知れず。私のそばには、「そっちじゃないよ、こっちだよ」と言ってくれる人はいるんです。私のためを思って忠告してくれるのに、私が聞く耳を持たない（笑）。そのときは、自分の進む道が正しいと思っているので仕方がありません……。

最終的には自分で間違いに気付いて軌道修正するのだけれど、結局、回り道になっちゃいますよね。

でも、私は思うのです。あるときは寄り道や回り道をし、またあるときは、ショートカットしようとして変な道に迷い込んだり……。女優としては、王道をまっすぐに進むより、こっちのほうが、はるかに豊かな人生じゃないのかな、って。

だから、今までも、そして、これからも、我が人生に悔いはなし。

シングルマザーの恋愛事情

なんて。意味深なタイトルをつけてみましたが、最後に恋をしたのはいつのことだったかしら⁉

50年近く生きてきて、それなりに恋愛をしてきましたが、結婚前の若い頃と離婚後とでは、私にとって、恋愛の意味やスタイルが違っているように思います。

結婚前の恋愛というのは、二人が出会って意気投合して恋に落ちて、多くの時間を共有して、たくさんの楽しみを分かち合って、ときには激しく喧嘩をしたりして感情をぶつけ合い——と、いわゆる〝若者の恋愛〟というのでしょうか。〝友情〟と同じように〝恋愛〟もまた、自分の生活に普通に溶け込んでいた。恋愛を謳歌《おうか》していたというのかなぁ……。

常に「結婚」という二文字が脳裏に浮かんでは消え、していたのも事実。「この人と結婚することになるのかな……」となんとなく思いながら、お付き合いをしていたような。

離婚後の恋愛はちょっと違います。

子どもがいなかったら、話はまた違っていたのかもしれないけれど、離婚当初、私には、まだ幼い二人の息子がいました。私はシングルマザーとして働き、一人で彼らを養っていかなくてはなりません。当時は、「とにかく働かなくっちゃ！」という思いで、がむしゃらに突っ走っていました。

「子どもたちのお父さんになってくれる人を探さなきゃ」とか、「この先、経済的なことも含めて自分たちを支えてくれる男性を見つけなくては」などという気持ちは毛頭ありませんでした。「しっかりと自分の足で立ち、自分の力で子どもたちを育てていく」と、覚悟を決めていましたから。

いいい、それでも、いえ、だからこそ、そのときには恋愛が必要だったのです。

一日24時間という、誰にも平等に与えられた時間を、女優として、母親として、私は精一杯有効に使おうとしていました。正直、ふたつの顔を使い分けるだけでも、当時の私はいっぱいいっぱい。でも、女優として、母としての毎日を過ごすだけだと、破綻してしまいそうな自分もいて、そうならないためには、女優でもない、母でもない、「一人の人間、一人の女」として過ごす時間が必要だった……。それが恋愛です。

相手にとても失礼な言い方かもしれませんが、母親業と女優業の間の〝隙間〟を埋める楽しみというか、癒しというか……。これがあったからこそ、母としても女優としてもがんばることができたし、この時間を持ちたいがゆえに、母親業も女優業もがんばるようなところがあった。相乗効果というのかな……。そうやって自分のバランスを取っていたんだと思います。

ある意味、とても割り切ったドライな恋愛⁉　でも、その関係が発展する可能性もあるわけで、事実、娘の父親である男性とは、結婚を考えるまでの関係でしたし、だからこそ、娘を産んだのです。

シングルマザーになっても、恋愛は、自分にとって必要なことでした。でした、と過去形にしたのは、今は、あまりその必要性を感じていないから。

どうしてでしょうね……。母親業と女優業の間の〝隙間〟を恋愛で埋めなくても、バランスが取れるほど、自分が大人になったということかもしれません。

あるいは……。年齢的な問題!? 私の中に、昔ほど「恋愛をしたいなぁ」という気持ちがないんですよねぇ。今思うと、母親業と女優業の間の〝隙間〟を埋めるごとく恋愛をしていたときは、私も元気だった。若かった（笑）。恋愛をするパワーの源は、やっぱり若さなんですかね。そう思うと、ね……。

いえいえ、アラウンド・フィフティ、「恋愛はもういいです」などと枯れてはいられない。こんな私でもいいとおっしゃってくださる奇特な方がいらっしゃれば、ぜひ。いくつになろうが、一緒においしいものを食べたり、飲んだりして「おいしいね」と言い合えるような人がいたら、いいに決まっていますもの。

ただし、家事も仕事もと、私にはやらなくてはならないことがたくさんあって、ホントに忙しい。やるべきことを放り出してまで恋愛はできないなぁ。隙間時間しかないけれど、「その時間に会えるだけで十分」と言ってくれる人がいれば、本当にありがたい。「いいや、それしか会えないのは嫌だ！」と言われてもどうしようもありません……。

甘え下手

男性は、女性から頼られたいと思うようですね。でも、どうも私は頼り方が下手なようで、男性の父性？　自尊心？　を満足させてあげられない女みたいです……。

私だって、誰かお付き合いする人ができたとき、「この人に頼ってもいいかな」と思いますよ。いいえ、「頼りたい！」と思うんです。

そして、実際に頼ってはみるのですが、その頼り方は、普通からしたらぜんぜん足りないようで、男性は、戸惑うらしい。

一見、私は男の人に甘えるタイプに見えるらしく、最初は「守ってあげたい」と思われるみたいです。でも、ちょっと付き合ってみると、すぐにそうではないことがわかる。実際、甘え下手ですからね。で、「守りたいのに守れない〜」と男性はジレンマを感じ、最終的に、「結局、僕は、彼女にとって必要のない男なのか……」という結論に達してしまうようなんです。

うーん、本当はちょっと違うんですけど……。「甘えない、頼らない＝必要のない男」というわけでは、決してなく……。

自分でも、「もっと男の人に頼って、甘えられたらいいな」と思うんです。実際、「仕事もやめて、経済的にも精神的にも、一人の男性に頼って生きてみようか」と考えたこともあります。でも、冷静に考えたら、やっぱりムリそうで。そういう生き方は、合わないいんだとつくづく思います。

精神的にも経済的にも、ずっと男の人に頼らない生き方をしてきたんだから、仕方がありません。今さら、甘え上手な女性になれと言われても、ムリな相談なんです。

世の中には、常に恋人がいなければ生きていけない女性も存在しているでしょう？　誰か男の人がそばにいなければ、しっかりと立っていられないような人が。

その対極にいるのが私なんだと思います。男の人に寄りかかろうとすると、逆に自分の足元がふらついちゃって不安になってしまう。寄りかかるということは、相手のペースに合わせなくてはならないということです。そんなの、不安定極まりない!! 自分がグラグラ揺れてしまいます。

自分のペースを守りたい気持ちが強いのかもしれません。若い頃からそうでした。

たとえば。

自分が彼の部屋に遊びに行くか、彼が自分の部屋に来るか。

どちらか一方を選べるとしたら、普通、女の子は、自分の部屋に彼を呼びたがるみたいです。お泊まりするとしたら、洋服やコスメの問題などがあるから、確かにそのほうがラクですものね。

だけど、私は、自分が彼の部屋に行くパターンでした。

ここからして、もうかわいくないと思われそうですが、昔から、付き合っている男性とずーっとべったり一緒にいたいとは思わないんです。早く一人になりたいと思うときもある。自分が彼の部屋に行くのであれば、一人になりたかったら「帰るね」と自分が言えばいいだけのことですから、気がラクでしょう?

逆パターンだと、さすがに自分から彼に向かって「帰って」とは言えず、ストレスがたまりそう。「お泊まりして朝ごはん食べて、お昼までうちで食べるの!?」「ウソっ、今夜も泊まるの!?」なんて、ずっとイライラしてなきゃいけない。考えるだけで、気が滅入《めい》ってしまいます(笑)。

多くの女の子は、彼が自分の部屋から帰ろうとすると、「もう帰っちゃうの?」と残念そうに言うそうですね。でも、私は「あー、やっと帰ってくれる」と思っちゃいそう……。

ホント、甘え下手のかわいげのない女です。

「女優」でも「母」でもない私は何者か

私はいったい何者なの？　私にはどんな価値があるんだろう……。

そんなことを考え始めると、いつも悩んでしまいます。思考がぐるぐる回って着地点が見つからないのです……。

「私」という人間は、「女優・高岡早紀」と「一人の人間・高岡佐紀子」で成り立っています。

高岡早紀は、女優としてまだ何者でもない駆け出しの時代から今日まで、大勢の方々、そして、たくさんの作品に出会うことによって、いろいろな〝味〟をつけていただきながら歩んできました。

「高岡早紀、すごいじゃない。いつの間にこんなことができるようになったの⁉」

自分が出演した作品を改めて観たりすると、そこに、自分が今まで知らなかった高岡早紀を発見し、自分でも驚くことがあります。女優として進化し続けている自分に喜びを感じますし、今もこうして仕事を続けられていることを思うと、「私は必要とされている」と、自分の価値を見出すこともできるのです。

自分はどうしたいのか。何を求めているのか。

答えは、出演する作品や演じる役柄によって、そのときどきで違ってくるものの、高岡早紀は、意思を持って自分の足で立っています。その存在に、私は確かな手応えを感じることができるのです。


では、高岡佐紀子はどうなのか。

今の高岡佐紀子に肩書をつけるとしたら、「母」、これに尽きると思います。

私は自分が嫌いではありませんが、そんなふうに思えるようになったのは、子どもを持ったことが大きい。子どもたちから必要とされ、私が何かをするたびに、子どもたちから

「ありがとう」と感謝される。そこに、高岡佐紀子が存在する意義を見出すことができます。また、子どもたちの存在は、私に、母親としての意思を持たせ、母親として今、ここにいることの喜びを感じさせてもくれるのです。

でも、高岡佐紀子から「母」という肩書を取ったとしたら、どうなんでしょう？　女優・高岡早紀でもない、母でもない、一人の人間・高岡佐紀子は何者なのでしょう？　考えれば考えるほどわからなくなってきます。肩書のない私には、なんの魅力もないし、そもそも存在価値があるのか、疑問に思えてきたりもします。

たとえば、恋愛をするのは、「一人の人間・高岡佐紀子」ですが、相手はどう思っているんだろうなどとも考えてしまいます。私が「女優・高岡早紀」でなくなっても、好きでいてくれるのかしら、と。

「一人の人間・高岡佐紀子」。これまで、自分がいちばんおざなりにしてきた部分で、自分でもいちばんわからない存在です。今さらながら、考えはじめたら不安や焦りを覚えてしまうのです。

「女優・高岡早紀は、もう完全にあなたの一部。そこを切り離して考えなくてもいいんじゃないの？　高岡早紀に存在価値があるとしたら、あなたそのものにも存在価値があるということなんじゃない？」

あれこれ不安を口にすると、周囲の親しい人は言ってくれます。

そう言ってもらって「ありがたいなぁ」と思います。でも、やっぱり、「高岡早紀と高岡佐紀子は別々」と頑なに思う自分がいて……。

「佐紀子は佐紀子で、ちゃんとお母さんとしての役割を果たしているんだから、それはそれでいいんじゃない？」

まわりの人はこうも言ってくれるけど、母の役割は、いつか子どもたちが育ったら終わっちゃう……。そしたら、ほら、やっぱり高岡佐紀子の価値なんてないじゃない……。そのとき、同時に仕事も失ったとしたら……。いったいどうしたらいいの⁉

あ〜、もう堂々巡り。

みんなは、こんな不安はないのかしら？

私、家政婦さんになれる？

肩書のない自分が不安になるという話、再び。

「彼は、私のことを女優としてではなく、一人の人間・女性として見てくれたんです」婚約発表や結婚会見などで、「お相手のどんなところに惹かれたんですか？」という質問に対し、女優さんが、こんなことをよく口にしますよね。

そういうことを耳にすると、なおさら私は、「女優でもなく、母でもなくなってしまったら、私には何か魅力が残るんだろうか」などと考えてしまいます。

「じゃあ、自分に魅力をつけてあげればいいんじゃない？」「何か努力すればいいんじゃない？」とも思うんだけど、何をどうしていいのか、まったくもってわからない……。

「みんなそんなもんじゃないんですか。仕事を持っていて、お母さんでもあって――となると、自分自身のことはどうしてもあと回しになってしまうんだと思いますよ」

不安を口にすると、ある人は、こう言いました。

「何もないって言うけれど、いろいろやっているじゃない。おうちでガーデニングやったり、ペン字習ったり……。そういうことが、あなた自身の価値になるんじゃないの？」

親友は、こんなふうに言ってくれました。

「それが価値になるの？」

「だと思うよ。あと、キレイ好きで、掃除や片付けが得意なこととかも」

「えっ!?　じゃあ、私、女優でもお母さんでもなくなったら、家政婦さんになれる？」

「も〜、話が飛躍するんだからぁ。家政婦さんになれるかどうかはさておき、掃除やお片付けをパパッとできちゃうことも、あなたの価値というか、魅力のひとつになるんじゃないの？　そういうところも含めて、人は、あなたのことを好きになってくれるんじゃないの？　って話」

なるほど、そういうことなのか。納得できたような、できないような……。

年下の男性《ひと》

「年下の男性はがんばるから、いいよぉ〜」

周囲の女の人たちは、よくこんなことを言います。

年上の女性をパートナーとして選んだ男性は、年上の彼女に負けまいとして、彼女に認めてもらおうとして、何かにつけて努力するから頼もしい、という意味です。

実際、かなり年下の男性と結婚した友人がいますが、その男性は、彼女と結婚してから、どんどん成功していきました。

でも、それは、彼女が男の人を育てるのが上手だからだと思うんです。きっと、そういう女性は、男性から甘えられるのも嫌いじゃないだろうし、甘える男性を大きな心で受け止めるのが得意なのではないでしょうか。

私にはムリだなぁ……。

いい大人を育てる前に、育てなければならない子どもが3人もいるもので。3人も甘えてくる存在がいるので、男性から甘えられても、十分に応えてあげられないし。しかも、3人のうちの二人は男の子ですからね。重なるところもあって、やっぱり、年下の男性は受け入れ難いなぁ。

逆に、年上の男性はどうかというと——。

私自身は、いわゆる「オジサン」と呼ばれるような年代の人と話すのは、嫌いじゃありません。何を言っても「お子ちゃまがピーピー言ってる」くらいの感覚で受け止めてくれるから、話していて安心感があるし、楽しいし。

ん、パートナーとして年上はどうかって？　いや〜しゃべっていると楽しい、というのと、パートナーとして一緒に歩む、というのは、また違った話で……。

とはいえ、年下の男性もそうですが、年上の男性にしても、この先、パートナーになることが絶対にないとは言い切れません。何が起きるかわからないのが人生ですから。

オトコの条件

いわゆる〝しょうゆ顔〟（ちょっと古い表現ですね、すみません）の男性が、タイプです。でも、実際に付き合うのは、いつも〝ソース顔〟……。要するに、「しょうゆ顔の男性が好き」と言いつつ、実は、顔は二の次。私が男性を選ぶ基準は、もっと別のところにあるということです。

男性に求める、いちばん大事なことは、「どれだけ自分を思ってくれているか」。こんな話を友人にすると、「バカじゃないの?」と呆れられたりもするけれど、私にとっては、私のことをいちばんに思ってくれる、その気持ちが何よりも大切なんです。

「冷たくされると、絶対に振り向かせようとして、張り切っちゃう」という人もいますが、私には、それはほぼ100%あり得ない。自分のほうを向いていない人の心を動かそうなんて、そんなリスキーで面倒なことはやりません（笑）。

その代わり、眼中になかった人でも、「好き、好き」言われて、私をいちばんに思う気持ちを表現されたら、恋に落ちちゃうかもしれない……。みんな、そうじゃない？　え、違うんですか⁉


私をいちばんに思ってくれること。

これが、男性に求める、絶対に譲れない条件です。

チヤホヤしてほしいということではなくて（そうされて悪い気はしないだろうけれど）、「私をいちばんに思って」ということは、「ありのままの私を受け止めて」ということ。やるべきことがたくさんあって、男の人のために費やす時間は少ししかない私。甘え下手な私。人に弱みを見せられない私……。

いろーんな私を全部ひっくるめて「好きだよ」と言ってくださる方がどこかにいらっしゃらないものでしょうか。いざ付き合ってから、「その頑固なところ、どうにかならない？」などと言われても困りますよ〜。

パートナーに財力は必要か!?

下世話な話になりますが、私は10代半ばから働いてきたので、若い頃は、同世代の人たちよりお金を持っていたと思います。その頃、お付き合いをした男の子たちも例外ではなく、財力は私のほうが上の場合がほとんどでした。

「私を超えるくらいの財力を持って」と望んだりはしませんでしたが、カレシには、自分ができる範囲でがんばってほしいと思っていたのは確か。

そのときの彼の財力なら、例えば、毎回牛丼屋さんでしかデートできないとする。それを良しとするのではなく、10回に一回は牛丼屋さんじゃなくて、オシャレなフレンチレストランに行くとか……。そういうがんばりとともに、私のことを愛してね、と思っていたんです。

でも、結局、そんな関係は続かないわけですよ。

相手に無理をさせているのではないか。相手が窮屈な思いをしているのではないか。そんなふうに思えてしまって、そのうち、私のほうが彼と一緒にいることが苦しくなってくる……。

彼は彼で、きっと、思うところがあるはずで。結局、なんとなく二人の関係がギクシャクし始めて、最終的に破局を迎えてしまうというパターンが少なからずあったように思います。

「お金は、あるほうが出せばいいじゃない」

そういう考え方もあるし、実際、私も、そう思わなくもない。だけど、どちらか一方だけが出し続ける関係って、どうなんでしょう!?

経済的に男性に寄り掛かりたかったわけではないんです。

もちろん、今でもそうです。

私と同じようにシングルマザーの人がいて、これから先の生活が不安で、パートナーとして財力のある男性を求めていたとしても、それはそれで真っ当な考えだと思います。否定はしません。ただ、私は、「将来のことを考えると経済的に不安だから」という理由で、財力のある男性をパートナーに選ぶことはないでしょう。

いつまで仕事を続けていられるかはわかりませんが、働けなくなっても、大丈夫。自分の年金と、3人の子どもたちがそれぞれ、少しずつでもお小遣いをくれれば、多分、暮らしていけるとは思うんです（短絡的でしょうか）。

だから、今後、お金のためにパートナーを選ぶことは、ない（はず）。

ただ、これから先、もし私にパートナーと呼べる男性ができるとしたら、その人には、ある程度の財力はあってほしいというのが、正直なところです。

自分がパートナーに養ってもらおうとは思わない。でも……。

これまで私は、子どもたちを育てながら家計を維持するために、一生懸命働いてきました。長男はすでに独立していて、近い将来、次男も独立するでしょうし、あとは娘だけ、というところまで、もう少し。もうそろそろラクになれる、というときに、もう一人養わなきゃいけない人が増えるなんて……。勘弁してください（笑）。

お互いの心の平和のためにも、男性にはある程度の財力が必要ではないかと思うわけでして。

すみません。さっきから、パートナーだの財力だのと書いていますが、全部仮定の話です。実は、「この先、結婚とまではいかなくても、生活をともにするような男性が出現するのだろうか」と、半信半疑の自分がいます。

だって、この年齢になって完全に自分ができ上がっているんですよ。相手もきっとそうですよね。そういう大人な二人が果たして一緒に暮らせるものなのでしょうか。もう今さら誰かとは絶対に住めないなぁ……。

いやいや、「絶対」をつけるのはやめておきましょう。何度も言いますが、人生には何が起きるかわかりません。もう今さら誰かとは多分住めないなぁ、と言い換えておくことにします。

オトコトモダチ

男友達――。

文字通り、男性の友達を指す言葉ですが、人によってビミョーにとらえ方が違っているように思います。

ある人にとって「男友達」とは、「女友達とまったく同じ扱いで、ただ単に性別が男性なだけ」の存在。また、ある人にとっては「友達以上、恋人未満」の存在で、もしかしたら関係性は永遠に変わらないかもしれない。でも、「恋人未満」が「恋人以上」に発展する可能性も多分に秘めている。そんな関係の男性を「男友達」と呼ぶこともあるみたいです。

私の場合はどっちだろう。

「男友達」と言えば、やっぱり、単に「男性の友達」に過ぎないんだけど……。でも、その「男友達」以上に、関係性を大事にしていきたい男性の友人がいるのは確かです。

ときどき食事に行って、相手の話を聞いたり、自分の話を聞いてもらったり。たまには意見の対立もあって、「それは違うんじゃないの⁉」などと言い合ったりもする。

もし、この関係が恋人同士だったりすると、思ったことを単刀直入に口にすることで喧嘩になったり、別れ話に発展することもあるけれど、二人は「友人関係」なので、そういったややこしいことにはならないわけです。

でも、二人の間には「ちょっといい空気」が流れている。なんと表現すればいいのか、今現在、私は（多分、相手もそうだと思いますが）、この人とパートナーになることは想像できません。でも、ひょっとしたら、いつか、この人との発展した関係を想像する自分がいるようになるかもしれない。ビミョーな可能性をはらんでいる、そんな関係です。

「だから、それを〝男友達〟と呼ぶんじゃないですか？」

こんな声も聞こえてきそうですが、私の場合は違うんです。そうだなぁ、あえて表現するなら……オトコトモダチ！　そう、片仮名でオ・ト・コ・ト・モ・ダ・チ、です。

悪いことも、いいことも

お膝が痛いとか、疲れやすいとか、風邪をひくと長引いてしまうとか。人によって違いはあるのでしょうけれど、年齢を重ねると、若いときとは違うことが、いろいろ出てくるようで。

たとえば、若い頃なら風邪気味でちょっとくらい具合が悪くても、気力だけで乗り越えられていたけれど、今、同じことをやれと言われたら……。気力があっても体がついていけません。

外見だって、それなりに気を付けておかないと、それこそ、ひどいことになっちゃいます。前にも書いたけれど、寝起きの顔なんて本当にひどくて、ね。もうびっくり。夜中に火事があったらどうしましょう⁉　逃げられないじゃない……と思ってしまいます。

年齢を重ねてくると、若いときと同じようにはいきません……。

でも、私は、歳を取ることが怖いとか、嫌だなどとは思っていないのです。

若い頃と違って、今は、具合が悪いときに仕事を休めないのは、本当にキツイです。だから、ふだんから体調管理には気を配っています。寝起きの顔はひどくても、だからこそ、せめて日中、外に出るときくらいは、それなりに気を付けて、ピシッとしておかなきゃ、と自分を戒めたりもします。

私、そういうことが面倒だとか、悲しいとか、そんなことは全然思っていなくて。

体力がなくなってシャキシャキ歩けなくなったとしたら、少しゆっくり歩けばいいし、集中力が落ちて台本がなかなか覚えられなくなったとしたら、前より時間をかけて覚えていけばいいし……。いろいろな〝老化現象〟が出てくるだろうけれど、それなりに対処していけばいいだけのこと。そう考えているんです。

年齢が上がっていくにつれて、フィジカル面で衰えが出てくるのは、もう致し方がないことです。でも、年を重ねるということは、フィジカルの衰えを補って余りあるくらい、いいこともいっぱいあるんです！　と力説しちゃいます。

自分が生きて経験してきたことは、すべて自分の中に蓄積されていくんです。つまり、自分の〝引き出し〟が増えていくということ。それは、人としても女優としても、とても実りあることではないでしょうか。

さらに、人は、生きた年月の分だけ、人と知り合ってきたことになるんですよ。子どもの頃は小さな世界で生きているから、それほどたくさんの人と知り合うことはないでしょうが、大人になって仕事をし始めれば、どんどん、どんどん人脈が広がっていくんです。

この仕事をはじめてもうじき35年になるのですが、この歳月の分だけ、人と知り合って、これからも仕事を続けている限り、人との出会いは続く。これほど楽しいことはないと思いません？

それに、フィジカルの衰えだって、とらえ方によっては楽しくもなってきます。

年齢が上がってくると、近くのものが見えにくくなるじゃないですか。いわゆる〝老眼〟

というやつでして。

同年代の人にはわかってもらえると思うけれど、普通の距離感だと小さい文字がぼやけて読みづらくなって、新聞や雑誌を目から離さなければ焦点が合わなくなってきますよね。その距離は加齢とともに広がってきて、たとえば、当初は20センチの距離で大丈夫だったのに、それが25センチになり、30センチになり。ついには、老眼鏡なくしては小さな文字が読めなくなってしまう……。

不便といえば不便です。でも、これ、同世代の盛り上がりのネタにもなるんです。

先日も、仕事で、同世代の俳優さんの何人かと一緒になって、「僕はこれくらいだな」「私はまだこのくらい」「えー、俺は、こんだけだ」などと、目と文字との距離を競って盛り上がりました。ここでは、若い人は完全に蚊帳《かや》の外。

「君たち若造には、こんな会話はできないでしょ⁉」

私たちミドル世代は優越感に浸ったのでした。

老眼もまた楽し。

自分探しの旅は続く

女性の役のオファーが、女優・高岡早紀に来る。それがどんな役であろうとも、オファーがある限り、自分との共通点があろうがなかろうが、私は、自分の経験を最大限動員し、めいっぱいの想像力を発揮して、その人を演じ切る。それしかないし、また、それが、女優の醍醐味であったりもします。

自分の経験と自分の想像で作り上げていった人物像――。それは、私自身が投影された人物であり、つまり、ひとつの仕事をするたびに、私は、新しい自分と出会うことになります。言い換えると、演じるということは、常に自分探しの作業であり、この仕事を続けている限り、次々と新しい自分を発見できるのです。

そんな女優という職業に就けて本当に良かったと思う。

ある素敵な、ご年配の女優さんがいらっしゃいます。この方が「年齢も年齢だし、セリフが覚えられなければ引退を考える」というようなことを周囲に漏らされたのだそうです。

「そんなことを考えるのはやめてください！」

「もし覚えられないなら、自分たちがなんとかしますから」

演出家をはじめ、周囲のスタッフたちは口々に言って、その方が立たれる舞台のあちらこちらに、セリフが書かれたカンペ（カンニングペーパー）を置いたと聞きました。

私自身、いつまで女優を続けられるのだろうかと考えることがあり、セリフが覚えられなくなったら終わりかなと思っている部分がありました。でも、この話を聞いて、「寿命が伸びた」と少しホッとした自分がいたのです。

とはいえ、もちろん、誰もが同じように言ってもらえるわけじゃない。この大先輩の女優さんは、セリフが覚えられないことなど問題ではなく、その存在そのものを求められているのです。他の誰にも代役ができない、それだけの魅力を持つ演者さんなのです。私もそこを目指したい。そして、自分探しの旅を死ぬまで続けていけたらなぁと思っています。

あとがき

アラウンド・フィフティ――。

自分がそう呼ばれる年齢になったのかと思うと、びっくりしてしまいます。50歳。客観的に見れば、酸いも甘いも嚙み分けた正真正銘の大人ですが、あと少しで自分がその年齢になるなんて……。信じられないし、まだまだ私は未熟です。

もうずっと前から、私は、自分のことを「大人」と思っていました。

二十歳を過ぎて社会的にも成人とみなされるようになり、私生活では、結婚して子どもを産んで、離婚してシングルマザーになり……。オフィシャルな部分では、ときには立ち止まり、ときには後ろを振り返りながらも、ありがたいことに、たくさんの人や作品との出会いに恵まれ、女優として着実に階段をのぼってくることができました。

こうやって、公私ともに、いろいろな経験を積み重ねて、自分の中にたくさんの知識が蓄積され、自分自身ができることも増えていきました。そして、「私は大人」と当たり前のように思ってきたのです。

でも、50歳を目前にして、改めて自分を俯瞰して見ると、「あぁ、まだまだ大人じゃないな」と感じることがたくさんあって……。誰が言ったか「人生、死ぬまで勉強」という言葉が、頭の中でリフレインしています。

今、世界は、新型コロナウイルスのパンデミックで未曾有《みぞう》の危機に見舞われています。当初、仕事はすべてストップし、家にいるしかない状況に追い込まれました。

いったいどうなってしまうのかしら……。

世の中のことや自分自身の仕事のことを考えて、これまで経験したことのない類の〝不安〟を感じてしまいました。きっと、この不安は、世界中のほとんどの人たちが感じたものだと思うけれど。

ただ、いいこともありました。

仕事が中断し、子どもたちは学校が休校になって、みんながステイホームを余儀なくされたことで、これまでで初めてではないかというくらい、家族が密な時間を過ごすことができたのです。長男はすでに独立していますが、次男も長女も、いずれは家を出ていくのでしょう。だから、こんなにも家族が一緒に過ごせる時間はとても貴重です。この先、もう二度と訪れないかもしれません。

その意味では、コロナ禍の自粛生活は、とてもいい機会でした。前にも増して家族の一体感を高めてくれて、お互いに、改めてわかり合えたような気がしています。あのときも、家の中にだけ、とても平和な時間が流れていたように思います。

私は、この家族の存在を宝に、これから先も、一人の人間として、女優として、歩いていきます。人としても、女優としても、完成形などないのでしょうが、ずっとずっと学び続けて成長して、完成形に少しでも近づけたらなぁ、と。

10年後、還暦を前にして、今よりも、もっと自分の年齢に驚いている私がいるのではないかと思います。「まさか、私が60歳だなんて!!」と。

そして、きっと、またまた「死ぬまで勉強」などと言っているのでしょう。でも、今よりも、少しだけ成長している自分がいるといいなぁ。「10年前より今のほうが幸せよ」と笑っている自分がいるといいなぁ。

それを目標に、これからの10年間を生きていくつもりです。

最後になりましたが、みなさん、本書を手に取ってくださって、最後まで読んでくださって、ありがとうございます。

みなさんの毎日が、笑顔であふれますように。

幸多かれ。

２０２１年４月吉日　高岡早紀

高岡早紀（たかおかさき）

神奈川県藤沢市生まれ。7歳よりクラシック・バレエを開始。モデル活動を経て14歳のとき、「第3回シンデレラ・コンテスト」で4,600人の中から優勝し、芸能界入りする。1988年に歌手デビュー。1990年、映画『バタアシ金魚』に主演。その後、数々の作品で女優としての評価を確立する。現在、テレビドラマや映画、舞台と幅広く活躍。2021年には木曜ドラマ『桜の塔』に出演。連続テレビ小説『おかえりモネ』では朝ドラに初出演するほか、6月18日には主演映画『リカ〜自称28歳の純愛モンスター〜』も公開予定。

魔性《ましょう》ですか？

2021年5月20日　初版発行

著者／高岡《たかおか》 早紀《さき》

発行者／青柳 昌行

発行／株式会社KADOKAWA
〒102-8177　東京都千代田区富士見2-13-3
電話0570-002-301（ナビダイヤル）

印刷所／凸版印刷株式会社

●お問い合わせ
https://www.kadokawa.co.jp/（「お問い合わせ」へお進みください）
※内容によっては、お答えできない場合があります。
※サポートは日本国内のみとさせていただきます。
※Japanese text only

定価はカバーに表示してあります。

ISBN 978-4-04-896978-9 C0095